LISTEN TO THEM
ANCIENT JADEWARE AND CHINESE CIVILIZATION

听它们讲

古代玉器与中华文明

蒿峰 著

山东科学技术出版社

图书在版编目 (CIP) 数据

听它们讲：古代玉器与中华文明 / 蒿峰著 . —济南：山东科学技术出版社，2017.7
ISBN 978-7-5331-8913-6

Ⅰ. ①听… Ⅱ. ①蒿… Ⅲ. ①古玉器—介绍—中国
Ⅳ . ① K876.8

中国版本图书馆 CIP 数据核字 (2017) 第 112115 号

听它们讲—古代玉器与中华文明

蒿 峰 著

主管单位：山东出版传媒股份有限公司
出 版 者：山东科学技术出版社
地址：济南市玉函路16号
邮编：250002 电话：(0531)82098088
网址：www.lkj.com.cn
电子邮件：sdkj@sdpress.com.cn
发 行 者：山东科学技术出版社
地址：济南市玉函路16号
邮编：250002 电话：(0531)82098071
印 刷 者：济南新先锋彩印有限公司
地址：济南市历城区工业北路182-6号
邮编：250101 电话：(0531)88615699

开本：720 mm × 1020 mm 1/16
印张：11
字数：260 千
印数：1-2000
版次：2017 年 7 月第 1 版 2017 年 7 月第 1 次印刷

ISBN 978-7-5331-8913-6
定价：66.00 元

前　言

源远流长的中华文化，积淀着中华民族最深沉的精神追求，包含着中华民族最根本的精神基因，代表着中华民族独特的精神标志，是中华民族生生不息发展壮大的丰厚滋养。在当代中国语境下，实现中华民族复兴的伟业，必须深入了解中国的文化血脉，准确把握滋养中国人的文化土壤，科学对待民族传统文化，在传承民族文化血脉的基础上开拓前进。中国传统文化历史悠久，体系完备，博大精深。学习研究中国传统文化，我们有浩如烟海的历史典籍，可阅读“三坟五典八索九丘”；同时我们还拥有千千万万件精美的文物，它们是中国传统文化最直接、最具体的载体。国家与民间公私所藏、遍布各地的可移动和不可移动性文物，无声地向我们讲述着灿烂的中华文明。中央领导同志多次强调：“让文物说话，把历史智慧告诉人们，激发我们的民族自豪感和自信心，坚定全体人民振兴中华、实现中国梦的决心和信心。”这为我们指明了新时期文物保护和利用的方向。中国独具特色的玉文化，诞生于新石器时代，早于青铜文明，延续时间长于青铜文明，堪称中华文明的第一块基石。解读中国古代玉文化，对于我们了解中国上古时期生产力水平和经济社会发展、文明的产生、阶级的出现和从多元到一统国家观念的形成，了解神权、军权、王权的萌芽、发展与巩固，了解文明发生进程中礼制的形成与完善，了解中国人性格及审美观的形成，了解中国传统文化的源头及支脉，具有十分重要的意义。本书就从这一目的出发，立足于古玉知识的普及，在吸收近年来中国玉文化研究前沿性成果的基础上，深入剖析中国玉文化发展的历史脉络，解读中国古代玉器文明与中国传统文化方方面面的关系，以便于我们通过古代玉器而体悟中国传统文化的精髓。同时，对中国传统玉器的工艺、型制、纹饰有关知识作了些粗略介绍，希望能引导古玉爱好者正确地欣赏中国古代玉器。如果大家在学习研究中国传统文化中，能够从本书中得到一些帮助，我将感到非常欣慰。同时作为一个历史文化学者，我也真诚地希望社会各界人士关心文物事业，积极保护文物资源，使我们的各类文物在教育大众、传承文化中发挥应有的作用。

为了使大家的学习更加直观，本书配发了一些古代玉器的图片。这些图片大部分采自《中国出土玉器全集》《中国传世古玉全集》，少量来自各地各类博物馆所藏及公开发表的玉器图录，因为过于分散，不再一一列出，这里一并表示感谢。王亮、曲永欣、李伟、曹玉佳为本书的编写付出了辛勤的劳动，特向他们表示深切的谢意。

蒿　峰

2017年元旦

目 录

▲玉玦（兴隆洼文化），直径3厘米、孔径0.7厘米，玉质碧绿色，细腻温润，表面有土蚀和土沁。外廓为不甚规整的圆形，两面对钻一孔，孔的两面均有喇叭口现象。再以线锯穿入孔中并向玦体的一侧拉切出缺口，制作工艺较粗，反映了当时治玉工具的原始性。此器抛光细腻，温润古朴，散发出迷人的光芒。

概述（上）

中华民族是爱玉崇玉的民族，也是世界上最早用玉的民族。查海–兴隆洼文化中磨制精美的玉玦的发现，说明8000年之前我们的先民已经用玉来装饰他们的生活。它比西方公认最早的俄国瓦库特玉器早了整整3000年。李约瑟博士说："对玉的喜爱，可以说是中国文化的特色之一。"瑞典科学家安特生说："对玉器的挚爱，在本质上，已形成一条衔接中国史前与王制时代的纽带，而将中国人与其他人种区别开来。"有人作过统计，汉字中以玉字作偏旁部首的字达540个之多，在常用汉字中占有较大比重，其字义皆为表达美好的意思。近代玉器研究大家、《古玉辩》的作者刘大同说："伏思我国文艺之开化，以玉为最古，其他皆在其后。"中国用玉的年代比青铜器早了近4000年，其延续至今又比青铜器长了2000多年。所以，现代中外学者一致认为玉石文化是中华文明的第一块基石。玉器表达了中国先民的审美情趣，承载着中国先民对天地神灵最为朴素的认知和崇拜，物化了权力等级、礼仪制度等社会秩序的基本规则，塑造了中国人基本的道德规范，丰富了中国人对美的追求。

玉器是与新石器相伴而生的。大家知道，新石器时代亦称为细石器时代，它与旧石器时代的区别，在于石器不再是简单粗糙的打制，而是精细的磨制和加工，制造的工具更加精美和锐利。正是因为石器的精细磨制，人们发现了玉这种矿物，它比普通的石头花纹更美，颜色更艳，品质更莹润，光泽更迷人。于是先民们用它做成各种小型的饰品，戴在身上，装点他们的生活。随着生产力水平的提高、玉器制作工艺的改进，出现了制造大件玉器的可能。这些美丽的石头开始被磨制成工具、兵器，进而制作成礼器，用于敬天祭祖、供奉神灵，于是玉器进入了一个大发展的时期。

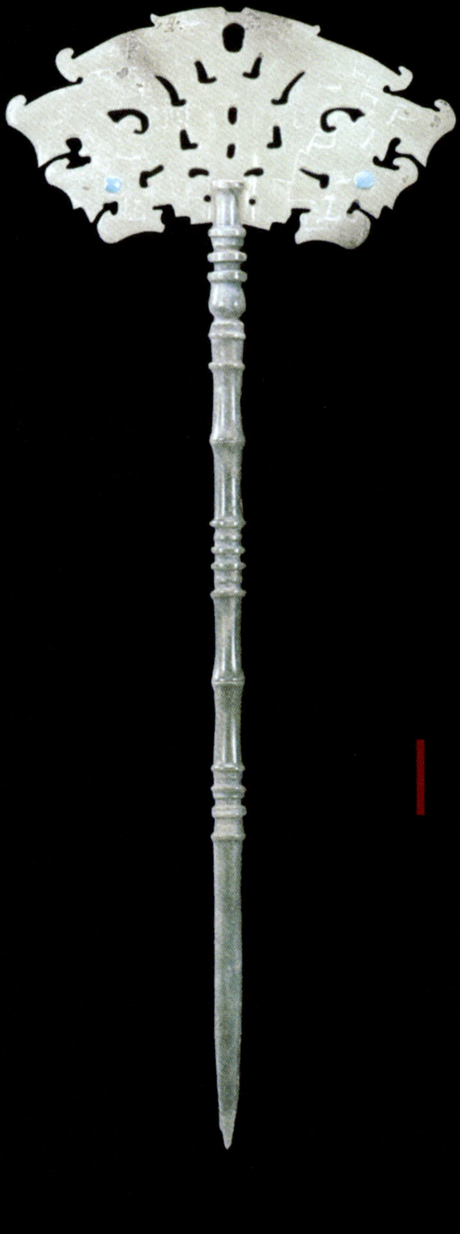

◀玉簪（龙山文化），通长23厘米、簪长19.6厘米、直径0.8厘米。玉呈墨绿色。刻有变形龙纹，镂雕工艺精湛。簪身设计规整，形似玉笄，截面略呈扁圆形，通体有竹节状旋纹。簪首为片状，磨制精到，抛光精致，在当时的工具条件下，琢制如此精美的玉簪，诚为鬼斧神工，代表了龙山玉器的最高工艺水平。

▲戈形器（齐家文化），通长13.5厘米、厚4厘米、宽6厘米。玉质油润，双面起脊，柄端双面对钻一孔。局部土沁严重，部分已钙化为鸡骨白。一面器表微残，玉质缩凹，结晶斑斓。戈为仪仗用品，象征王权的至高无上。当为部落酋长权力的象征。

各个地域各个时期，先民们磨制玉器基本上都是就地取材。那时候，玉的概念很宽泛。正如《说文解字》对玉的阐释，是“石之美者也”。美丽的石头就是玉，其概念远大于现在所说的玉，更不是独享一尊的和田玉。《山海经》记载我国产玉之地近200处，《禹贡》还记载了梁、雍、青、扬等州所产玉石之名。这说明上古时期，各氏族部落集团已经对玉有了较为全面和深刻的认识。我们耳熟能详的蓝田玉、南阳玉、祁连玉、岫玉在那时已得到大量开发。不仅如此，玛瑙、天河石、绿松石、水晶等亦作为玉得到开发利用。直到新石器时代晚期，和田玉通过部落间的经济交流而进入中原。在夏、商时期，和田玉进入夏王、商王的宫廷，并以其美丽的色彩、致密的品质、温润的气度迅速横扫中原所有地方玉，而逐渐成为中国人的最爱。

新石器时代，中国玉文化发展主要有哪几个地域呢？学术界基本上主张三大地域说：一是华北、辽宁与山东半岛，一是华东、安徽和长江三角洲地区，一是西北部川陕、甘肃到蒙古地区。这三个地区在传说史料中

▲三璜联璧（商代），直径10厘米、孔径5厘米。和田白玉，玉质致密油润。分之为三璜，合之为一璧。每璜两端各有一孔，便于合璧系结。通体土沁，局部黑沁较重，深入肌理，异常美观。

分别属于东夷、苗蛮和华夏集团的活动范围，正好是《尚书》中所讲的夷玉、越玉、大玉三大地域。三大地域时空相连，玉器有不同的风格，同时又相互渗透和影响。中国的玉文化就来源于这三个源头。夷玉：红山文化玉器是从查海——兴隆洼文化玉器发展而来，其南支在山东半岛，发展至大汶口文化，直到龙山文化。越玉：源于马家浜文化、崧泽文化，最后到新石器时代中后期形成发达的良渚文化玉器。大玉：源于西北，有其独特的传统，从马家窑文化、齐家文化到陕西石峁、山西陶寺，下限直接夏王朝。三大源头的玉器文化各具特色，在新石器时代末期到夏王朝的建立这段时间相互交流、相互融合，形成了夏商玉器文明，成就了辉煌灿烂的中国古代玉器文化。

►人面形玉牌饰（石家河文化），高2.1厘米、宽1.7厘米、厚0.4厘米。玉青色，有钙化。器呈长方形。正面浅浮雕人面，有冠。双耳戴耳环，环有对钻孔。阴线刻划出五官，凤眼立眉，圆鼻方唇，神态肃穆神秘。

►玉戚（商代），长11.4厘米、宽6.9厘米、厚1.25厘米。玉质青色，有褐色沁斑。扁平体。顶平直，扇形弧刃，双面刃，两侧各分布两组牙饰，每组三齿。器上端有单面钻圆穿，无使用痕迹。戚为玉兵重器，夏商之时作仪仗之用。此器雄浑大气，神秘威严。磨制规整，抛光精致，具有神秘诡谲的魅力。

◀十六节龙凤形玉饰（战国），长48厘米、宽8.3厘米、厚0.5厘米。和田白玉，玉质油润，边缘有褐色沁。全器由环套十六节饰件构成长的龙形。各节透雕成龙、凤或璧、环形。整器是五块玉料剖解为十六节，再以三个圆环及一个销钉连接成一串，各节可以活动折卷。整器有分雕连接、透雕、平雕、阴刻等工艺，设计巧妙，刀工细致，纹饰繁复，沁色灿烂，尽显华贵之姿。

概述（下）

我们把玉石文化称为中国文明的第一块基石，是因为玉器自产生之初到现在，浸润着中国人的审美取向和情感世界，塑造了中国人特有的精神气质。玉器的使用与中国传统的王朝礼仪、典章制度结合起来，与儒家的道德观念融合在一起，承载了中华文明的深厚积淀。这是任何一种文物都无法比拟的。

学者将玉器文明的发展总结为三个时期，即神玉、王玉、民玉三个时期。其实从玉器奠基中华文明的角度来说，应区分为这样几个方面：

一是装饰先民的生活，塑造了先民朦胧的审美意识。前面已经说过，玉是先民在与大自然的斗争中发现的色彩美丽的石头。一开始人们就将其加工成各种小型饰品，戴在颈、耳、腕部，增加美感。我们从各地新石器文化中，尤其是新石器早期文化中就发现了各种玦、管、珠、坠、璜等小件玉饰，它们多出现在人体的头部和臂部。玉饰品越到新石器后期种类越多，加工越精。商周时期出现了雕刻各种飞禽走兽及人物的玉石饰品和插嵌饰品。用玉石器装饰人们生活，潜移默化之间培养了中国人的审美取向。

大家知道，全世界各民族都爱美，都爱宝石。欧洲人所喜爱的蓝宝石、红宝石、钻石是单晶体矿物，坚硬、色彩鲜明、纯净，体现了其性格中的直接与强烈。中国人爱玉，玉属于集合体矿物，半透明、温润、内敛是其特点，体现了中国人性格中的含蓄、内省。

二是敬天祭祖通灵，寄托了先民天人合一的美好梦想。在生产力水平低下的新石器时代，人们面对恶劣的生存条件，逐渐对物质世界产生了超人生、超自然的理解，油然而生的是对自然界风雨雷电的敬畏和对祖

▲长方形刻纹玉版（凌家滩文化），长11厘米、宽8.2厘米、厚0.2～0.4厘米。玉质牙黄色。长方形，平面略凸。玉版有三边琢磨出凹边，两端短边各钻五个圆孔，上下两长边一边对钻九个圆孔，一边在两端各对钻两个圆孔。玉版中部雕刻椭圆形图案，两圆间以直线平分八等份，每份雕刻一圭形纹饰，在大圆外沿，对着长方形玉板的四角各雕刻一圭形纹饰。此器出土时置于一玉龟甲中，显示为占卜所用。神秘古雅。

先神灵的无比崇拜。祭祀因此成为各部落最重要的事情。玉器作为当时最高等的材料，当然要用于祭祀，献给神灵和祖先。《山海经》中说：“瑾瑜之玉，润泽而有光。五色发作，以和柔刚。天地鬼神，是食是飨；君子服之，以御不祥。”道出了先民以玉为祭的虔诚。红山文化时期，部落的巫师身上缀满各种抽象的动物雕件，以借用动物的力量与神灵沟通。我们在龙山、良渚、齐家等文化遗存中看到大量的璧、琮、圭、璋，用来祭祀天地山川、祖先神灵。尤其是良渚文化中的玉璧和玉琮形体巨大，磨制精良，有的还刻有神秘威严的兽面纹饰。可以想见，在祭祀的乐舞和烟火中，通灵的玉器也得以进一步神化。

三是玉和权力的结合固化了王权以及等级制度。自人类产生贫富分化，出现阶级开始，玉器便被富人和头领所垄断。从新石器时代晚期遗址的考古发掘中，我们可以看到部落首领的墓葬中陪葬的玉器最多，而平民墓中绝对没有。早期考古发掘出的玉铲、玉锛、玉斧，最初学者认为是劳动工具，但它们的表面绝少看到使用的痕迹。这些大件的玉器实际上并非劳动工具，而是仪仗用具或财富权力地位的象征。我们不能想象，部落酋长不劳动却随葬大量的劳动工具；也不能想象，真正从事劳动的平民和奴隶反而没有劳动工具。到了商周时期，玉器的使用更加等级化。《周礼》记载：“以玉作六瑞，以等邦国：王执镇圭，公执桓圭，侯执信圭，伯执躬圭，子执谷璧，男执蒲璧。”各等级诸侯用玉的比重也有严格的规定：

▲玉人头像（龙山文化），高4.5厘米、宽4.1厘米、厚0.4厘米。玉呈白色，光泽莹润。片状，以剪影手法琢出人首侧面形象，团脸鼓腮，阴线刻出橄榄形眼睛，鹰钩鼻，口半张，脑后有外凸的弧形耳朵，面颊上钻一大圆洞。雕出颈部，两面形象相同。设计奇诡，磨制规整，颇具神秘之感。

▲瑞兽（商代），长10厘米、高5.2厘米。地方玉，色白而微透，温润，油性较大。表面风化明显，多发冰裂，纹中次生结晶丰富，颇有沧桑之感。臣字眼，丘状耳，线条双阴挤阳，兽身装饰皿形纹、云纹、卷毛纹，皆为商代典型图案。兽伏卧后望，神态安详，尾部微卷，穿有一孔。磨制规整，工艺精良。

▲神兽（汉代），长12厘米、高6厘米。和田白玉，黑沁斑驳，深入腠理，古意盎然。此兽虎头豹尾熊身，獠牙利爪，耸肩俯首，怒目圆睁，相貌凶猛，引而待发。为汉代玉雕之珍品。

▲皇后之玺（西汉），边长2.8厘米、高2厘米。羊脂白玉。玉质坚硬致密，无受沁现象。玺体为正方形，纽为高浮雕之螭虎。螭虎形象凶猛，体态矫健，四肢有力，双目圆睁，十分威严。玺台四侧面琢出长方形阴线框，其内雕琢勾连云纹。玺面阴刻篆书“皇后之玺”四字。此玺为西汉皇家实用之印，具有极高的文物价值和艺术价值。

“天子用全，纯玉也；上公用珑，四玉一石；侯用瓒，三玉二石；伯用埒，玉石半，相埒也。”到了战国，礼崩乐坏，各诸侯在礼制上不断僭越，以提高自己的政治地位。从发掘材料看，玉器的僭越在当时非常普遍，末等的小国也使用精美的玉器。秦汉以后，历朝历代对用玉都有不同程度的控制，如玉佩的形制与数量，玉印的使用，唐以后直到明贵族官员的玉带，等等。古代盗墓者，偷出的是金银、青铜，不偷玉器，他们甚至只把玉衣片上的金丝抽走，玉片弃于墓内。这是因为平民不能僭用玉器，犯者死罪。纵观中国历史，可以说，玉器与封建等级制度息息相关。

四是玉器的人格化、道德化，承载了中国人的伦理认知。与商周以来用玉制度的固化相联系，春秋战国时期，对玉的人格化、道德化进一步加强。《春秋繁露》中说："玉润而不污，至清洁也，故君子比德于玉。玉有瑕秽，必见于外，故君子不隐所短。"儒家宣传"首德次符"的观念。诸子百家争相诠释。于是玉有十一德、九德、五德之说风行，并把玉与君子人格联系起来，即所谓"君子无故，玉不离身"。孔子阐述了玉有十一德，"夫昔者君子比德于玉焉。温润而泽，仁也；缜密以栗，知也；廉而不刿，义也；垂之如坠，礼也；叩之其声清扬，以长其终，诎然乐也；瑕不掩瑜，瑜不掩瑕，忠也；孚尹旁达，信也；气如白虹，天也；精神见于山川，地也；圭璋特达，德也；天下莫不贵者，道也。诗云：言念君子，温其如玉，故君子贵之也。"十一德、九德之说后来去其虚留其实，固定为五德。《说文》中说："玉，石之美者，有五德：润泽以温，仁之方也；鰓理自外，可以知中，义之方也；其声舒扬，专以远闻，智之方也；不挠而折，勇之方也；锐廉而不忮，洁之方也。"玉的道德化，直接造成春秋战国时期诸侯贵族为自我标榜而佩玉，客观上也促成了这一时期玉作工艺的提高。

五是民间对玉的神化使玉深入高层阶级的生活。古人认为，玉不但美丽可供佩饰，而且是"纯阳"之物，含天地之精华，像中药一样服用它会强身健体，身轻去病。道家尤其神化玉的保健作用，魏晋时期士大夫阶层服玉粉炼丹药成风。另外古人认为玉可辟邪，汉代玉雕的辟邪神兽很多。唐以后，社会上流行佩戴古玉，据说在遇到突然伤害时，古玉会先碎以保佩戴者安全。崇玉、贵玉的确是深入了中国人的世俗生活。

有此五点，可以说玉文化浸润了中国人的基因和血脉，几千年的传承最终物化为中华文明的第一块基石。

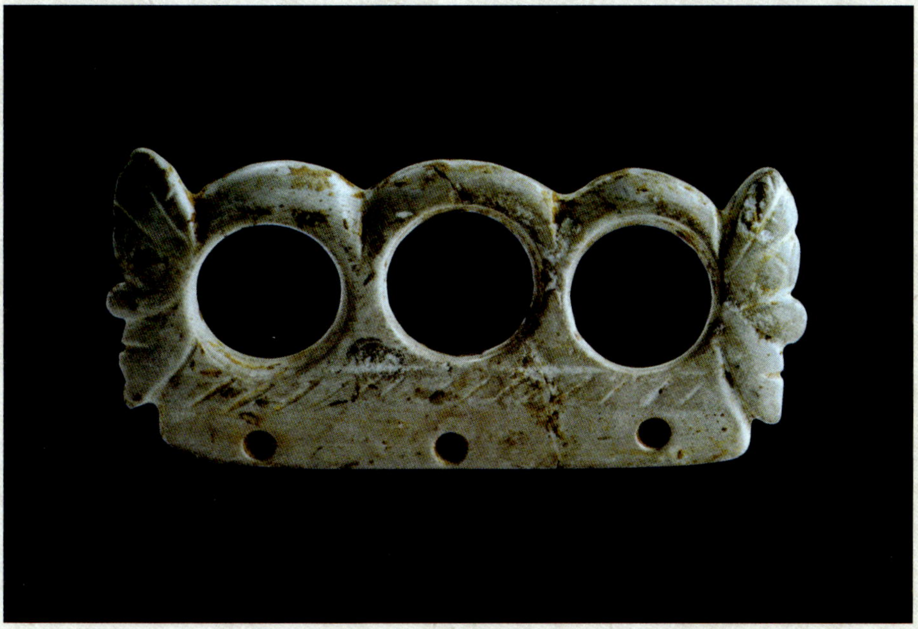

▲双人首三环形玉器（红山文化），长6.8厘米、最宽3.1厘米、厚0.6厘米，大孔径1.5厘米。全器钙化，呈白色。器体呈长条形，底部平直。中部并排列有三个较大的圆孔，底侧有三个小圆孔，大、小孔之间刻划一排平行短斜线纹。两端各雕琢一人首，额顶隆起，佩戴高冠，双目和鼻头均呈圆形，下颌呈尖弧状，唇微启。构思奇诡，神秘莫测。

红山文化玉器

红山文化遗存于20世纪初在内蒙古赤峰红山后被发现，1954年被正式定名为红山文化，其年代距今6000年至5000年左右。红山文化分布范围主要在内蒙古南部、辽宁西部、河北北部及渤海沿岸，近年发现，其向北已达俄罗斯贝加尔湖地区，向南影响达到山东半岛。该文化玉器数量较多，而且集中出土于墓葬。大的墓葬可有20余件玉器，一些小墓亦有少量玉器，说明红山人有爱玉崇玉的文化特色。

▲勾云形玉器（红山文化），长28.6厘米、宽9.5厘米、厚0.6厘米。深绿色，夹杂浅黄色瑕斑。器体呈圆角长方形，上下两侧长边平直，左右两侧略弧。中部偏上有三个圆形小孔，呈三角形排列，下面两小孔的斜上方各有一道较窄的弧形镂空。左右两侧中部各伸出一对方形小凸，下侧两端尖角明显内收，中部外伸五个规整的长方形小凸，小凸下缘正中均有一个倒“V”形缺刻。两面均有与形制相应的浅凹槽磨纹。

红山文化玉器包括三大类：一类是生产工具，主要有刀、斧等；二类是装饰用玉，主要有璧、环、箍、镯、勾云佩、马蹄形箍、兽面佩、丫形佩、鱼、鳖、鸮、蝉、鸟、龙首璜等；三类是礼仪器，有重要的祭祀功能，主要有玉龙、玉猪龙。红山文化玉器造型独特，设计抽象奇诡，充满神秘感。其作品有的高度抽象概括，用几何形表达，极具震撼力，如马蹄形箍、勾云佩、丫形佩、长齿兽面纹佩等；有的用写实手法，但也经过概括，充分突出其特点，形成鲜明的红山特色，如动物形玉雕，都是基本写实，体形、装饰纹饰进行概括处理。红山文化的玉猪龙、C形龙、鸮等代表作品器形高度概括，纹饰夸张流畅，给后人留下了深刻的印象。

红山文化玉器主要取材于当地的岫岩玉，大多用当地河流中经过千万年冲刷后已磨掉杂质，玉质晶莹、温润、坚致的河磨料。其颜色以黄、绿、灰为主，还有淡绿、灰绿、淡黄、深青或碧青等色，明净爽目。红山文化玉器的加工工艺已非常先进和复杂，主要有片雕、圆雕。片雕作品大量用镂雕工艺。玉料切割成片后，磨制成各种造型，像勾云佩。中间有孔洞，则需要镂雕技术，圆雕则三维地表现出动物形体来，如玉猪龙、鸮鸟、玉龟等。玉器的粗细阴线由解玉砂磨成，钻孔薄者为单面钻，厚者为双面钻，孔中可见对钻台痕。红山文化玉器琢制精细，刀法犀利，工艺规整，抛光细腻，充分体现了玉之美感。

红山文化玉器是新石器时代我国北方玉文化的代表，它沿袭了查海-兴隆洼文化的治玉传统，登上了当时北方治玉水平的高峰。

◀玉鸮（红山文化），高6.1厘米、宽6厘米、厚1.8厘米。玉料黄绿色，玉质莹润。双耳圆弧状外凸，耳下浮雕圆眼，双翅展开，尾端平齐，其上均用凸线纹表示羽毛；尾部加饰三角形，双爪并列置于其上，作攀附状；背面平整，有三组交叉洞孔。线条流畅，通体抛光，生动古朴。

◀玉龟（红山文化），长4.8厘米、宽2.8厘米、厚0.5厘米。玉料淡绿色，有褐色沁痕。头部近似三角形，颈部前伸，背部略弧，近圆形，四足呈弧状，尾部较短，呈三角形，腹部正中琢一道凸脊，与首尾相连，脊中横穿一孔。磨制规整，栩栩如生，灵动可爱。

►玉猪龙（红山文化），高6厘米、宽4.7厘米。红山文化典型器，钙化严重，盘玩后呈褐、黑杂沁。猪嘴，大耳圆目，鼻唇皆粗阴线磨出，身环似龙。中孔对钻，钻痕犹存，颈部对钻一小孔，以便佩戴。磨制工整，抛光细致，神秘而精美。

►太阳神（红山文化），高7厘米、宽3.4厘米。动物与人的组合。长脸，浮雕纵目，头顶两角尖尖上昂，三角耳，隐鼻突吻。细腰，长腿，呈蹲姿，上肢放于膝上，状貌神秘而灵动。腰部对钻两圆孔，区分开双上肢与腰，膝部向下一斜钻眼，区分为双腿，背面颈部对钻一孔，便于挂饰。刀法粗犷，工艺精湛，通体钙化，古朴精美。

▲玉琮（良渚文化），高15.5厘米、射径7.3厘米、孔径5.3厘米。青灰色玉，微沁有白斑。整器为方柱形，上大下小，刻六节简化神徽图案。制作规整，刀工精细，抛光细致，古气盎然。

良渚文化玉器

良渚文化遗址20世纪30年代发现于浙江余杭县良渚镇，1959年命名。遗址主要分布在太湖地区，南到钱塘江，北到常州，年代距今约5300年至4300年。该文化上承河姆渡文化、马家浜文化、崧泽文化，达到南方治玉的高峰，又对北方和长江中下游地区玉器制作有着深刻的影响。

良渚文化玉器分为三类：一是生产工具，主要有斧、铲、凿、杵、纺轮等；二是装饰品，有珠、管、璜、鐲、带钩、鸟、鱼、蛙、鳖、蚕等动物形佩，以及人形佩，兽面纹佩；三是礼仪器，主要有钺、璧、琮、冠饰等。良渚玉器装饰纹样主要有兽面纹、人首纹、神徽纹、蚩尤面纹、鸟纹、蝉纹、鱼纹等。

良渚玉器的材料取自当地，主要是梅岭玉，玛瑙等材料亦少量使用。玉器剖切已使用旋切法，钻孔主要有单面钻和对钻。大型礼器璧琮之类则使用管钻法，孔壁平直光滑，孔壁之上因对钻的不准确而留有台痕，大量使用细阴线装饰。这都反映了当时治玉工具的进步。

良渚文化玉器是新石器时代与红山文化玉器并列的双峰。相对于当时的许多文化类型，良渚文化玉器的一个特点是品种更多，数量更大，有的大墓出土玉器五六百件，反山12号墓出土玉器达647件。

另一个特点是礼仪用器尺寸巨大，如良渚玉璧大量出土，直径有的达到30厘米以上；玉琮的高度20厘米以上者多见，有的高达50厘米，这些尺寸都达到了当时生产工具所能加工的极限。

第三，琢制工艺精湛，器物造型与纹饰非常统一，好像执行共同的工艺标准。十多节的玉琮，每节造型分毫不差。玉器的神面纹、兽面纹每种类型形象一致，技法相同。抛光工艺很精，有的玉器呈现出完美的玻璃光

▲玉钺及端饰（良渚文化）。钺冠饰（上）：高3.6 ~ 4.7厘米、宽8.4厘米、厚1.35厘米。玉钺（中）：长17.9厘米、上端宽14.4厘米、刃宽16.8厘米、最厚0.9厘米、孔径约0.55厘米。钺镦（下）：高2.8厘米、宽8.3厘米、厚2.3厘米。透闪石玉，淡绿色，沁为花白色，透光性好，有紫褐色瑕斑。钺呈“风”字形，弧刃鼓背，小穿孔。钺两面对应雕琢完整的神徽图案和鸟纹。钺冠饰下部有卯眼可以安柄。椭圆形的钺镦，有卯眼和横孔可以和钺把固定。此器雄壮大气，神秘威严，当为部落首领的权力象征。

泽。纹饰雕琢繁复致密，灵动飘逸，优美动人，工艺水准达到了当时的极致，对后世影响很大。

第四，良渚文化玉器在器形上有很多的创新，特别是觿、带钩、冠饰、仪仗用钺等都在后世得到很大发展。值得一提的是玉琮，就目前所见，玉琮最先出现在良渚玉器中。作为重要礼器，一般认为，它代表了中国最早的“天圆地方”观念。良渚文化遗址的发掘证明琮的确用于祭祀，大型高等级贵族墓葬中琮常伴璧而出。良渚的玉琮工艺最为精致，影响十分深远。成都金沙遗址出土的那件形体巨大、莹润光洁的多节玉琮，推测来自良渚。良渚玉琮的形制亦向西向北扩展，后世龙山以及齐家等地出现玉琮，形制、工艺、装饰深受良渚文化的影响。

▲冠状玉梳背（良渚文化），高3.9厘米，上宽6.8厘米、下宽6.2厘米，厚0.3厘米。玉质沁为黄白色，夹茶褐色块斑。平面整体呈“凸”字结构，下端扁榫上有三个等距的对钻小孔。正反两面以透雕和阴线刻划相结合的技法，对称地雕琢出肢体俱全的神人图像。神人上臂两侧圆孔表示兽面的双眼。工艺精细，线条流畅，给人以神秘威严之感。

◀神人面纹玉琮（良渚文化），高38.2厘米。玉质青绿，莹润，夹有褐、白绺斑。通体平滑光亮。形状呈外方内圆高柱体，上射口略外撇。两端对钻孔，略偏，并留有台痕。器身共有十五节，每节两凸一凹，与相邻的面组成一人面。直槽最上方有纤细如毫发的单阴线刻出的鸟纹。小鸟侧身平视，立于高柱形器上，栩栩如生。整器线条刚劲流畅，琢制规整，神秘莫测。

▲三叉形玉器（良渚文化），高5厘米、宽6.9厘米、厚1.2厘米。玉质沁为黄白色。左右两叉顶部略向内斜，中叉较短，底端圆弧，中叉上有贯通直孔。背面为平面，正面浮雕神人兽面神徽，三叉上饰有羽状纹，兽面的眼、鼻、口俱全，周围阴刻卷云纹。设计奇诡，庄严神秘，推测为部落首领帽饰，中叉孔中插装长羽。

►兽面纹双璜合璧（良渚文化），长8厘米、宽6厘米、厚0.9厘米。椭圆形，中孔长2.7厘米、宽1.6厘米。玉质莹润，褐沁较重，深入肌理，表面钙化层疏朗漂亮。双璜合璧，每璜对钻有四孔，弧面装饰四个兽面。兽面为高浮雕与细阴线相结合，刻画出蘑菇双角、二目圆睁、宽鼻翕张、獠牙外露的神兽形象，神秘而又威严。构思奇巧，工艺精湛，刀法洒脱，难得一见。

▲玉鸟（龙山文化），长10.6厘米、宽5.2厘米。黛青色，玉质莹润，土蚀痕迹明显，遍布全器。鸟为薄片状，呈卧姿。长冠长喙，粗阴线磨出梭形眼，回首后望。腿部以四个三角形缺口表现利爪，十分传神。翅部及胸部斜钻两孔，使之更加神秘灵动。东夷人奉鸟为图腾，此玉鸟设计奇诡，气韵生动，当为龙山人信奉的神物。

龙山文化玉器

龙山文化属新石器时代晚期文化，1928年首次发现于山东章丘县龙山镇城子崖，30年代命名。龙山文化距今约4500年至4000年，主要分布于黄河中下游的山东、河南、山西、陕西。重要的遗址有多处，如山东城子崖、日照两城镇、丹土、大朱封，陕西石峁，山西陶寺，河南王湾等。

龙山文化玉器中，生产工具有斧、铲、刀、凿、锛等；装饰品有环、笄、璜、璇玑、玦、镯、虎、鸟、人形佩；礼仪器有圭、钺、璧、琮、戈、牙璋等。

龙山文化玉器的玉材多采自本地。泰山、邹城、海阳等地都产玉，颜色有深绿、绿褐、青绿、青、黄、黑、白等。但也有不少的玉器经检测为岫岩玉，尤其是五莲丹土遗址玉器，岫岩玉占相当大的比例。其来源应当

◄玉钺（龙山文化），高14.7厘米、宽7厘米、厚0.6厘米。黑色玉质。呈梯形，扁平，平背，上中部有上下两个对面钻圆孔。双面刃，刃部略呈弧形。表面有网纹，磨制规整，通体抛光，古朴大气。

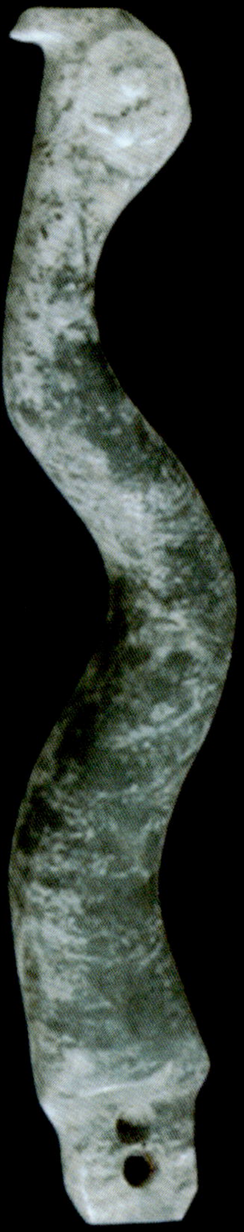

▲鸟形玉饰（龙山文化），长7.2厘米。玉料为浅绿色。首部似鸟首，曲体，两眼鼓起。下部有榫，钻有一孔。此器构思奇特，制作规整，工艺精到，气韵生动，反映了龙山治玉的高超水平。

▲玉凿（龙山文化），长18厘米、宽2厘米、厚1.3厘米。地方玉种，色青黄，莹润致密，有黑色牛毛沁。上部为一亚形柄，装饰两道弦纹，单面钻一孔，下部是斧形，双面磨制开刃，十分锋利。工艺精良，抛光细致。

▲玉璇玑（龙山文化），最大齿径22.5厘米、孔径17.2厘米、厚0.5厘米。浅灰玉质，带绿色斑点沁。内圆，外有三齿牙，其中两齿上有阑齿，边缘较内部薄。通体磨光，表面光滑。此器又称牙璧，山东龙山文化新创器形，整体轮廓流畅，古朴奇特。

是与辽宁一带的贸易交流，或者是从那里进来的玉材，在山东当地加工，如《管子·度篇》中就有“北用禺氏之玉，南贵江汉之珠”的记载。龙山文化玉器片状器多，工艺有镂雕，纹饰线条有阴线刻和阳线雕两种，且出现镶嵌绿松石工艺。考古发现山东大汶口文化玉器便有绿松石的使用。山东不产绿松石，由此足可证明5000年前，山东先民与湖北等地便有贸易往来。龙山文化玉器工艺直接沿续大汶口玉器工艺，同时又受红山文化、良渚文化的影响。山东南部玉器风格明显受良渚影响，出现两种文化的碰撞融合。

▲玉圭（龙山文化），长17.8厘米。玉料呈墨绿色，局部白色沁痕。该器早年断为两截，上下钙化程度不同，上部已是鸡骨白。此圭磨制规整，上端单面斜刃，下端雕琢一狰狞的兽面形象。圭为龙山文化重器，威严庄重。

龙山文化玉器中有许多新的类型，有自己鲜明的特色。一是璇玑，俗称牙璧。璇玑较早在龙山文化中出现，其形制基本上以璧环为主体，外缘附出三个或四个指向一致的齿形。有的璇玑在这些齿形上再琢制一些分组的齿牙。璇玑有人说是礼器，用来“以齐七政”；有的说是天文仪器，也有的说是齿牙代表的是自然界云气，先民用之祈雨。二是牙璋，这也是最早出现在山东地区的礼器，长片形，歧首，下方左右边缘有牙扉，下部穿孔。还有一种玉戈，也是柄部琢制扉牙。以上三种有扉牙的礼器，在中原地区分布很广，直接影响到商代和西周早期的礼器风格。龙山文化中还出现重要的礼器——圭，一般形制是平首，顶部出刃，无磨损痕迹；下部有孔，孔的上下有平行阴线。有的圭刻有人面纹、兽面纹、鹰鸟纹。这些纹饰，造型独特，内涵神秘，是龙山人意识形态的反映。龙山文化中还有独特的六璜联璧，有齿玉斧、兽面纹玉琮、兽面形片饰、人首形玉饰。这些新型的器物和纹饰都直接对夏、商玉器制作产生了巨大的影响。

齐家文化玉器

齐家文化遗址1924年由瑞典地质学家安特生在甘肃广河齐家坪首次发现。齐家文化是黄河上游地区新石器时代晚期到铜石并用时代的文化，距今约4200年至3500年。其分布范围主要在甘肃、青海境内的黄河沿岸及其支流，是我国西部最重要的玉器文化。

齐家文化玉器品种多，种类全，其中工具有斧、锛、凿、铲；装饰品有管、珠、坠、环、镯、臂饰等；礼器尤其发达，计有璧、琮、璜、圭、璋、刀、戈、钺、戚等。玉刀、玉戈、玉戚称为玉兵，实则为仪仗用器。齐家文化玉器数量较大，可能是由于地域之内存在很多优质玉矿，便于开采，加之后期已出现铜的冶炼（青铜工具治玉当时是先进的科学技术），效率大大提高，再加上齐家先民爱玉胜过其他地方，玉在祭祀、殓葬、日用、佩饰等多方面使用广泛。因此近年来齐家文化玉器发现较多，尤其是民间藏量很大。

▲天河石管（齐家文化），长3.7厘米、宽1.54厘米、孔径0.4厘米。夹杂白色。长鼓形，两端磨成斜面。中孔对钻，对钻衔接有错位。通体素面抛光。

▲云雷纹璧（齐家文化），直径12.5厘米、孔径3厘米、厚0.6厘米。白玉质，细腻坚致，褐色沁，深浅交错，包浆深厚。背面没有抛光，正面围绕内孔，减地浮雕四组云雷纹。线条宽窄不等，地子可见解玉砂磋磨之痕，十分古朴。玉璧上磨制精美云雷纹，当是古人类在文明曙光初到之时对风雨雷电天象之认识与膜拜。

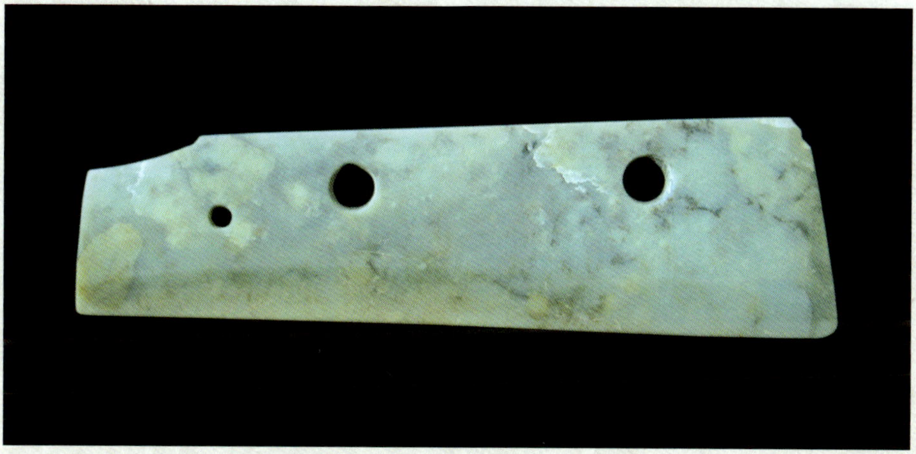

▲玉刀（齐家文化），长18.7厘米、宽3.7～5.6厘米、厚0.5厘米。玉料青灰色，刃部略受沁呈白色状。整器略呈梯形，素面。背部单面钻有两孔，孔径1.2厘米，两孔间距6厘米，另靠近窄端中部单面钻有一直径0.5厘米的孔。背部平直，双面开刃，刃呈内弧状，两端部均双面略开刃。磨制规整，通体磨光，古朴威严。

齐家文化玉器材质胜过良渚、龙山玉器。甘肃的武山、马衔山、祁连山等地都发现了品质很好的玉矿，尤其是齐家文化范围中心区域所产的马衔山玉料坚硬、致密、油润，其质地很接近和田玉，所以自古就有“西土出美玉”之说。齐家文化玉器80%以上是本地玉材加工，马衔山玉料占其大半。在齐家文化玉器中还可发现有青海昆仑玉的影子，也有少量和田玉。这说明，早在齐家文化时期，自和田经青海而至甘南的玉石之路已经形成。马衔山玉料与和田玉相比，致密性稍差，但颜色更加丰富，主要有青白、白、黄、碧、墨、绿、灰绿、糖色等颜色。另外当地所产绿松石、天河石也较早得以开采使用，使齐家玉器更加多姿多彩。

齐家文化玉器沁色之美是世所公认的。玉器的沁色主要是由于玉材本色内在的变化。在长期的埋藏中，玉料内部变得疏松，由半透明而不透明，到

▲玉锛（齐家文化），长18厘米、刃宽5.5厘米、端部宽4.5厘米、厚0.7厘米。玉质莹润，遍布褐沁。端部单面钻一孔，刃部双面磨制十分锋利。孔上残留一切割痕迹。器形硕大，磨制规整。

▲玉铲（齐家文化），长30厘米、宽3.4～4.3厘米、厚0.5～0.7厘米。玉料青色。玉质润泽。长条形，后部有一孔，孔两面对穿。刃部锋利且有使用痕迹。器形硕大，通体磨制光亮，做工精细。此类玉铲一般不作为劳动工具，而是作为礼仪用器。

失去颜色和光泽。在这一过程中，埋藏地的土壤酸碱度以及干湿等条件，都作用于玉质内部，外在的矿物质沁入玉中，与玉中所含高金属离子相结合，产生千变万化的沁色。我们在齐家文化玉器中可见到黑褐、红、黄、白（鸡骨白）等沁色，自然柔美，层次分明，过渡自然。美丽多彩的沁色与齐家文化玉器的沉稳、简洁、厚重、朴实风格相结合，更具有观赏价值。

齐家文化玉器中礼仪器大件较多：直径30厘米左右的璧、高30多厘米的琮、50～60厘米长的玉刀，都是齐家文化玉器的骄傲。齐家文化玉璧中数量较多的三璜璧、六璜璧，做工考究，磨制精美。尤其是玉刀和玉钺的大量使用，丰富了祭祀用玉器和仪仗玉器。夏商时期，玉刀和玉钺在彰显王权、军权方面的功能得到进一步强化。齐家文化延续约400年，是各地新石器文化中较接近夏代的文化类型。齐家文化玉器的璧、琮、璜、圭等礼器的发展演化，深刻影响了后世的夏商文明。

◀玉琮（齐家文化），高14.7厘米、宽8.2厘米、射径8.2厘米。青色，有褐斑。玉质莹润。体作委角长方体，中心有一上下对穿的圆孔。器两端呈圆口形，器外转角有十三节凹槽。器体打磨精致，线条流畅，厚实大气。

▲宇宙天体中的黑洞。

玉璧（上）

璧出现的最早，延续时间最长：初始于长江下游崧泽文化，到良渚文化时定型并大发展，从良渚影响到龙山与齐家文化。新石器时期出土玉璧最多、单体最大、工艺最精者当数良渚和齐家。玉璧主要用于祭祀之中。《周礼》曰：“以玉作六器，以礼天地四方。以苍璧礼天，以黄琮礼地，以青圭礼东方，以赤璋礼南方，以白琥礼西方，以玄璜礼北方。”璧主要用于祭天。事实上，在良渚文化遗址和齐家文化遗址，考古发现都多见璧与琮配套出现，显示了它们的祭祀功能。这一功能在新石器时代后期以及夏商时期最为突出，周以后璧的功能有较大的扩展，此为后话，后面多有论及。

璧的基本形制为圆形片状，中间有一孔。玉璧中间的孔称为好，好的周边称为肉。《尔雅》中说：“肉倍好谓之璧，好倍肉谓之瑗，肉好若一谓之环。”这种分类是汉初一些学者的说法，实际上，璧的尺寸并不是比例如此规整。我们认为，孔大孔小都可以称为璧，只有孔径大于玉器直径一半以上，可以称作“环”。

除了祭天的功能，璧还有祭祀山川河流的用途。《尚书》中载尧沉璧于河。同时，璧也是先民赖以与神灵沟通的媒介。我们在各文化考古中都有发现，地位高的死者墓葬中都有大量的玉璧随葬，地位越高者数量越多。玉璧一般放置于死者的头、面部和胸部，寄托着死者灵魂升天愿望。陪葬的这一功能在战国、两汉进一步得到继承、发扬、强化。

新石器晚期，玉璧的制作较为粗率，这是当时工具和生产力水平决定的。片状的切割常留有切痕，圆形不太规整，厚薄不均，抛光不精或根本没有抛光。随着工具的进步，我们所见良渚玉璧和齐家玉璧越来越精美，选材考究，磨制规整，抛光细腻。我们在齐家玉璧上还可见到减地凸起的

◀有领璧（商代），直径14厘米、孔径6.4厘米。双面有领，领高0.4厘米、厚0.5厘米。地方玉种，色灰，完全钙化。工艺精湛，抛光细腻，有较强的玻璃光。璧面围绕中孔有两道粗弦纹。内孔为对钻，中间留有仔细打磨后留下的规整的二层台。器表有较强土沁痕，蚁脚密布。有领璧一般认为是商代特有之品种，在三星堆、金沙遗址多有发现。

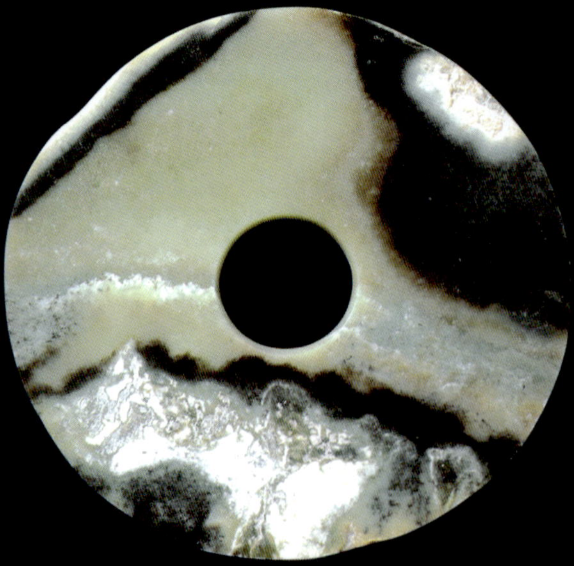

◀玉璧（齐家文化），直径27.3厘米、孔径7厘米、厚0.78厘米。青色，局部有深褐色斑和白色浸斑。体扁平，中心有一单面钻圆孔。外缘不甚规整，通体磨光，素面无纹，沁色斑斓，非常美丽。

花纹，有人与动物，也有抽象的图案，表现了先民高雅的审美情趣。

有人会问：玉璧为什么是这个模样？古人用之祭天殓葬，与天与神灵沟通为什么选择了片状圆形有孔的形制？或许有人认为这个问题问得无厘头，但这确实又是一个问题。不同地域、不同时期、不同文化的先民们同时选择了这种形制，应该有它内在的原因。古人说：“礼神者，必象其类，璧环象天。”也就是说璧的形状来源于天体。近世有学者称璧实际上反映了太阳运行的轨迹，中间的孔洞便是永恒的北极。也有学者认为，璧在新石器时代出现，它有货币的功能，所以多出于权贵大墓。

近年来，有学者将它与天体演变中的黑洞联系了起来。现代天文学认为，黑洞是密度极高、引力极强的天体，黑洞的周围有一吸积盘，任何物质靠近黑洞便会被吸收黑洞中，跨入另一个宇宙。有人认为祭天的玉璧实际上是黑洞的模型，它透露了先民对天体演变、人类起源的记忆。也许在人类起源上祖先比我们了解的更多，或许随着人类对太空的探索和认知，这一问题会得到合理解释。

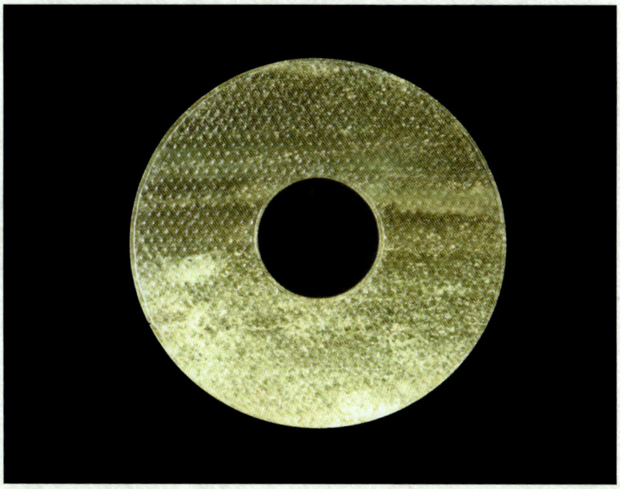

◀蒲纹璧（战国），直径24厘米、孔径7.8厘米、厚0.3厘米。和田青玉，玉质莹润，坚密，土沁，局部边缘处有钙化。蒲纹工艺精湛，排列整齐规整，刀法利落，大气磅薄，是战国玉璧中难得的精品。

▲玉璧（秦代），直径15.6厘米、孔径4.2厘米、厚0.4厘米。青玉，局部有白沁斑。体呈扁圆形，中间有一孔。两面纹饰相同，内外廓各饰弦纹一周，中间满饰涡纹。

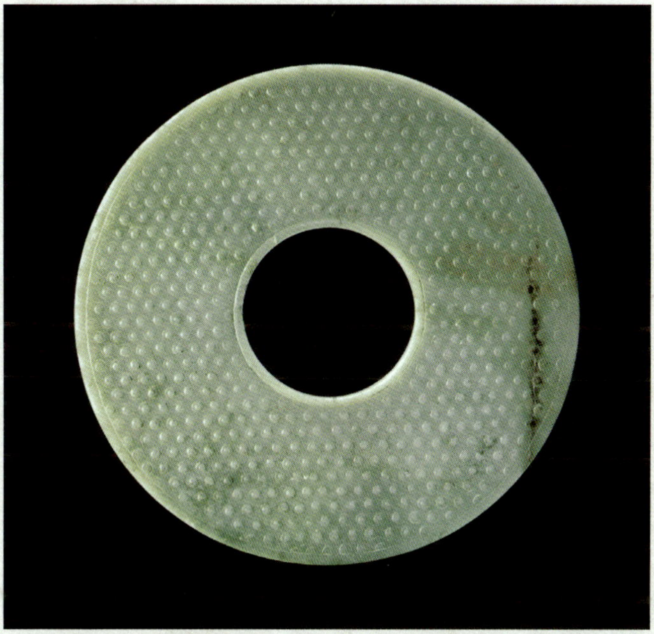

▶乳丁纹玉璧（战国），直径21.4厘米、厚0.4厘米。和田青玉。局部有黑沁。体为扁圆形，中间有一圆孔。内外廓各饰弦纹一周，中间满饰谷纹。两面纹饰相同。设计规整，工艺精湛。

▶夔龙纹玉璧（西汉），直径26.3厘米。玉质碧绿色。晶莹油润，双面雕纹饰。璧面内区雕琢蒲纹，外区饰四组一首双身夔龙纹，内外区以一周绳索纹相隔。制作规整，玉质纯净，颜色鲜艳，纹饰精美，且玉璧尺寸较大十分罕见。

▲谷纹出廓璧（汉代），高9.6厘米、直径7.5厘米、孔径1.9厘米。和田青黄玉，玉质油润。水银沁和朱砂沁相交相融，可见沁色渐进层次，黑红相间，斑斓相映。璧表面雕刻谷纹，疏朗有序。出廓雕卷草纹，透雕工艺精细。璧之外缘内倾，有一深阴线为界。内孔周边高突外斜，亦有一阴线与璧面相区分。整器设计规整，工艺严谨，精美脱俗。

玉璧（下）

商周时期玉璧的基本功能还是祭祀和殓葬。玉璧的形制与石器时代相比没有太大变化，大部是光素无纹。这里值得一提的是，商代出现了高领玉璧，即在玉璧的孔周边凸起一圈，像唇一样，民间也称为唇璧。这种璧在成都金沙遗址大量发现，北方发现较少，有的地方发现它是套在死者的胳膊上。这种璧一般用料较差，是否含有其他意思，尚需进一步研究。

西周后期到春秋，玉璧有着缓慢的发展变化，最突出的是从光素到琢制花纹。花纹多是凤鸟纹或隐起的蟠虺纹。这种有花纹的玉璧尺寸较小，似乎在逐渐脱离祭祀和殓葬具有了其他的功能。到了战国，玉璧爆发性繁荣，两汉时达到鼎盛。变化集中在功能大大拓展，形制更加多样，纹饰更加美丽，琢制工艺更加精美。两汉时期，祭祀和殓葬依然是玉璧的基本功能，尤其是殓葬在汉代大量使用玉璧，棺椁上装饰玉璧，死者的身下及身上铺盖玉璧。这些玉璧大者直径达到30～40厘米，一般有阴线刻画的夔龙纹或凤纹，琢制精美。那时的贵族相信，他们的灵魂可借助玉璧实现飞升。我们从马王堆出土的帛画上也看到了玉璧引导逝者灵魂与上天沟通的画面。

玉璧的新功能体现在礼制和财富的象征上，体现在作为装饰件而小型化。一是表示身份的象征。《周礼》中说，贵族中“子执谷璧，男执蒲璧”。“聘人以圭，问士以璧”。延请国士，必须拿玉器为礼。昔年，楚襄王遣使持金十斤，白璧百双，聘庄子为相，庄子不就。二是材质好、雕琢精美的玉璧作为价值连城的财富，天子与诸侯以及贵族之间可互相赠与。人人皆知的“完璧归赵”的故事，说的是秦国要拿十五座城池交换赵国的玉璧，“价值连城”出典于此。当年，鸿门宴上，刘邦也是拿美璧换了一条命。刘邦发觉项羽有杀他之意，乘间离开鸿门宴，留下张良对付项

▲螭凤纹“长乐”铭文玉璧（东汉），高16.6厘米、直径13.5厘米、孔径2.9厘米、厚0.5厘米。玉质青色，局部有褐色沁斑，半透明。璧体分成二区，内区饰以乳钉纹，外区镂空螭凤纹，并延伸至璧体之外。此种将花纹延伸至廓外的玉璧设计，被称之为“出廓玉璧”。外区中轴上下，镂雕“长乐”二字。设计巧妙，工艺精湛，刀工洒脱，是难得的汉璧精品。

羽。项羽问沛公哪儿去了，张良说沛公已脱身还营，留下我献给您一块美丽的玉璧。项羽收了玉璧没有再去追赶刘邦。这一块玉璧改写了汉代历史。战国时期，世间多用璧来形容宝贵，如“视若拱璧”，“圣人不重尺之璧而重寸之阴”，充分体现了战国时代玉璧的崇高身价。这一时期的玉璧，纹饰设计工整美观，常见的有蟠虺纹、云纹、涡纹、勾连纹、谷纹、乳丁纹、蒲纹。战国后期至西汉出现了出廓璧和雕琢文字的吉语璧。出廓璧除花草纹外，主要有龙纹、凤纹、螭纹，构思巧妙，想象雄奇，琢制细腻，有鬼斧神工之感，成为中国玉器的代表性器物。玉璧材质更加考究，由于和田玉的输入，玉璧选材多用和田玉，致密油润，晶莹多彩。玉璧的尺寸进一步多样化，更多的出现了小型件。这些小件玉璧多是作为贵族单独佩饰或玉组佩的元件，也有的镶在带钩上或器皿上，供贵族服用。两汉以后，玉璧的制作走向衰落，但祭祀用的素面璧一直存在。

◀谷纹玉璧（汉代），直径11厘米、孔径4.5厘米、厚0.5厘米。玉质青白色，外缘局部有深浅不一的褐色沁斑，半透明。外形圆整，有内外廓。廓为战国时代流行的斜高窄廓，器面饰谷纹。玉璧外缘刻有五个字，其中后三个字是“六十九”，前两字尚不能解读，此器工艺精良，谷纹饱满，疏朗有序，端庄大气。

▲“宜子孙”出廓璧（东汉），高28.8厘米。和田白玉，玉质坚致莹润。器身遍布深浅不一的黑沁，层次分明，斑斓优美，古朴大气。璧身分为两区，内区琢乳钉纹，疏朗整齐粒粒圆润，外区浮雕螭纹，并刻有“宜子孙”三字。刀工娴熟，线条流畅，厚实大气，是汉代玉璧精品。

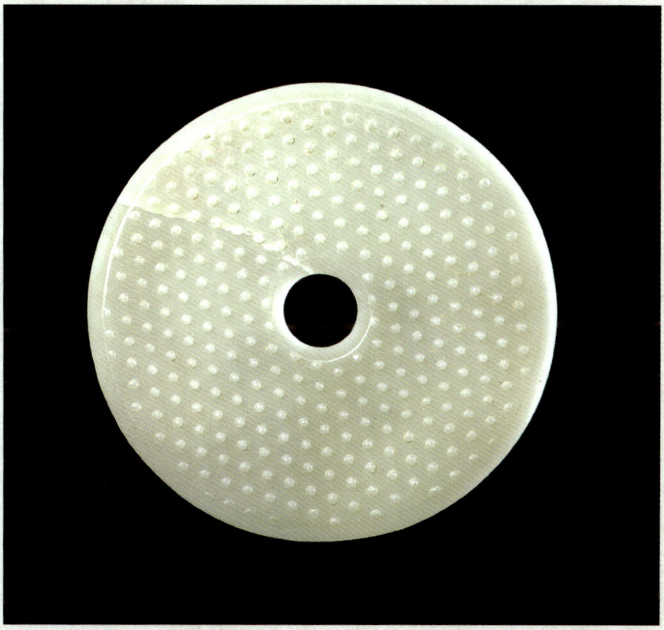

►玉璧（汉代），直径17.4厘米、孔径2.8厘米、厚0.7厘米。和田白玉，温润纯净。形制规整，内孔缘和璧外缘均阴刻一圈压边线，璧两面均浮雕排列整体的乳丁纹，乳丁饱满完整，大小相同，间距匀称。两面纹饰相同，雕琢异常精致，抛光细腻，地子平光感好。汉璧中精品。

►凤纹璧（汉代），直径20.5厘米、孔径3厘米、厚0.3厘米。和田玉质，边缘区受土沁较重。孔为双面钻，以绞丝纹分为两区。外区刻三只夔凤，圆眼，高冠，尖喙，翅膀高张，尾羽舒张呈S形，线条十分流畅。内区饰蒲纹，刀工利落，具有很高的收藏研究价值。

▲兽面纹玉琮（战国），高5.4厘米、孔径5.5厘米、中部厚0.7厘米。和田玉质，灰白色，有褐色沁。四面平齐，孔为对钻。四面各以阴线刻一兽面纹，射上阴刻“S”形纹、三角纹。此琮形制规整，有战国时代特征，刀工流畅，自然大气，古朴传神。

玉琮

玉琮，方体圆射，中有孔，是与玉璧相配用于祭地之礼器。《周礼》上说，“以黄琮礼地”。道出了琮的基本功用。历史上，人们多不识琮为何用。有的说是车轴上的釭头，有的认为是烟筒，有的认为象征女阴，也有认为象征男根，有的认为是法器。根据出土资料，学者们认定琮兼具“天圆”和“地方”两个特征，象征天地的贯穿，应是祭祀所用。考古发掘表明，玉琮是在良渚文化时期突然大规模出现的，此后影响到各个文化类型。红山文化地区只发现小型的璧，或圆片圆孔，或方片圆孔，体量与数量都不大，没有发现玉琮。龙山文化、齐家文化都发现了大量的琮，

▲玉琮（商代），长宽各6.5厘米、射高0.2厘米、射内径5.8厘米。全器分为两节，双面钻孔。内壁打磨精细，可见明显台痕。和田白玉琢制，设计平直规整，工艺精致，厚重大气，宝光内蕴，端庄古雅。

▲玉琮（齐家文化），高5.4厘米、宽6.3厘米、射高0.7厘米、射内径5.8厘米。青玉质，有褐色和黑色斑点。体作扁方柱体，两端作圆环口形，中心有一对穿的圆孔。光素无纹。磨制细致，自然流畅。

▲玉琮（齐家文化），高9厘米、宽6.6厘米。青玉质，玉质莹润。全器土沁，沁色严重之处白色饭糁密布，不露玉色。孔为对钻，径5.9厘米，切割规整，打磨精细，是齐家文化玉琮典型器。

且与璧璋圭同出。龙山文化玉琮体量较小，矮平型居多。齐家文化琮体较大，磨制精粗不同。此两种文化基本上都没有纹饰，是素面状态。良渚文化玉琮，琮体巨大，直径多数达到十几厘米，高达50厘米，有的达到十节，甚至十九节。良渚玉琮四面以粗阴线等分为节，每节饰四个神面纹。神面以琮的四个竖棱为中线，四棱两侧各雕一个侧面神人头像。头像早期较繁，细阴线繁复装饰，后期便很简化。神面顶部为数道凸起的额线，此线上又有细长的阴刻线。神像之眼为阴线圆环，一般为管钻钻出，眼两侧阴线刻画眼角，鼻为长方形小凸起，上有细阴线回纹，颇有威仪。玉琮到了商周，本身没有多少发展变化，多为光素，出土的数量也不多，体型较

▲玉琮（良渚文化），高5.8厘米、射径7.2厘米、孔径5.8厘米。玉质沁为鸡骨白色，表面有灰褐色结晶斑。外方内圆，由两节组成神徽图案，上节刻神徽图案的羽冠部分，下节刻兽面部分，此器设计规整，磨制精致，兽面纹神秘威严，栩栩如生。

小，除了用于祭祀，亦用于殓葬，多与玉璧共出。商代的玉琮用料考究，体矮平、短射，磨制工艺精细，出现了小型的琮形佩饰。春秋战国时期的玉琮发现较少，琮孔自西周以来逐渐变大，琮体变薄，外壁春秋时开始琢制抽象的蟠虺纹，装饰性更强。山东沂水纪王崮春秋贵族大墓中，出土有纹玉琮，花纹繁复，玉质莹润，工艺精湛，是春秋玉琮的代表器物。出土时在死者棺盖之上，寄托着死者死后灵魂与上天沟通的愿望。

两汉以后玉琮的使用逐渐式微或者说消亡，考古发掘鲜见有出土报告。我们可看到，在秦朝和汉初，帝王祭太阳（芝罘日主庙）、东方神（荣成成山头），所用玉器为璧圭，且制作已非常简化。材质差，体量小，工艺粗，说明璧琮祭祀只是流于形式了。这种情况的出现有这样几个原因：一是祭祀的功能由大型青铜器所取代；二是东汉后，社会陷于动乱，经济凋敝，贵族的奢侈的玉器消费受到抑制；三是曹操提倡薄葬，璧琮殓葬的功能大大萎缩，最后逐渐退出礼仪用玉的舞台。隋唐以后尤其是宋与清，仿古的璧琮出现于市面，但体量小，已完全成了装饰之物。

谈到玉琮，人们会问到与玉璧一样的问题。琮为什么是这种器形，有什么道理，先民们怎样认识这个形状与地的关系。史无明载，先民或许有我们所不知的认识。近几年来，关于人类的起源又有着许多的传说，源于太空移民说，源于地下说，各有流传。主张地下说的，说是地球是空的，地下有城市，有高等级生命的存在。其出入口在南北极，有的说在北极圈发现了通往地下世界的入口。当时的先民中是否也有类似的说法？他们将死者埋于地下，是否也有地狱的概念？琮不管是方体圆孔，还是圆体圆孔，是否就是先民的想象中与地下世界的交通孔道？这些问题的解决都有待于科学的发达和人类对宇宙和自身的认知。

▲玉琮（两件）（宋代），左：孔径3.2厘米，右：孔径3.3厘米。左：玉质青白色，一面有褐斑，其他面有黄色沁斑及牛毛纹。外方内圆中空，单节，表面光素。此为仿古礼器，雕琢粗疏，可见琮到宋代渐渐退出祭祀的舞台。

▲玉圭（西汉），长11厘米、宽2.5厘米、厚0.4厘米。四件。玉色分为青色、青白色、灰色、黑色。扁平体，长方形，尖首，形制较为规整，通体抛光，无纹饰。此类玉圭两汉时多出于王侯墓中，或与璧同出于名山大川的祭祀坑中。

玉圭与玉璋

前面已讲了礼器中的璧与琮，下面说一下圭与璋。圭与璋都是《周礼·春官·大宗伯》中列为“六瑞”的礼仪祭祀用器，即所谓“青圭礼东方之神，赤璋礼南方之神”。

圭的出现基本与璧、琮同时。龙山文化玉器中，圭是最典型、最精美的。考古发现，那时的圭是长条板状，底部平，首有平、微弧两种，双面磨制出刃，少数单面磨刃。因其很像生产工具中的锛和铲，故而早期人们认为它是劳动工具，实则刃部并无使用痕迹。龙山文化玉器中发现的平首玉圭，下部多有穿孔，高等级者下部雕饰有鹰纹、兽面纹，磨制精美，充满了神秘感。平首圭盛于新石器时代后期延用至商。商代出现了长条尖首圭。商代遗址考古中经常可见长20厘米以上的尖首大玉圭。此后这种尖首玉圭逐渐取代平首玉圭，到两周，基本形制固定为平板长条尖首。

圭的基本功能为祭祀，常见与璧、琮一起出现在祭祀的场合。“四圭有邸，以祀天，旅上帝。圭璧，以祀日月星辰，青圭礼东方。”直到汉代，在满城汉墓、徐州汉墓、大云山汉墓中还发现有玉圭随葬。除此功能外，圭还有其他重要功能。《周礼》中，圭是等级身份的象征，公、侯、伯不同等级的贵族朝会时手持不同的玉圭，尺寸材质都不同。《周礼》曰：“以玉作六瑞，以等邦国。王晋大圭，执镇圭，缫藉五采五就，以朝日。公执桓圭,侯执信圭,伯执躬圭，缫皆三彩三就。”圭还作为信物，用于国与国之间的交往，外交的会晤要持国君颁发的信圭。《礼记》曰：“大夫执圭而使，所以申信也。”周时调解冲突举行会盟亦使用信圭。周代还把精美的玉圭作为财富，持圭而聘被认为是重礼。《周礼》曰：“谷圭，天子以聘女；琬圭，以治德结好；琰圭，以易行；土圭，以致四时；瑑圭，以覜聘。”山东长清仙人台春秋国君墓中，圭与

▲玉圭（商代），宽3.9厘米、残长20.3厘米、厚0.4厘米。青玉，色乳白，局部泛浅黄色。器体扁薄，长条形，制作精细。中部隆起，两边极薄似刃。首端残。近尾端部有一钻孔，孔为单面钻，孔径0.7～0.8厘米。钻孔的一侧另有一管钻痕。尾端有轻微黑沁。磨制精良，端庄大气。

▲玉圭（明代），高15.8厘米、宽4.8厘米、厚0.8厘米。玉料青色。长条形，顶为三角形。双面各饰五排谷纹。明代玉圭制作上较前代为精，以陈设器出现，礼仪功能大减。

璧叠放在一起，一方面有祭祀之意，另一方面是作为财富而随葬。汉代以后，玉圭使用渐少，在王侯一级墓葬中有少量玉圭出土。有的是一枚小型的圭和一枚小型的璧放在一起，仅具象征意义。但在祭祀中，玉圭逐渐取代玉琮，历代对山川日月的祭祀中圭与璧同时出现的例证较多。

玉璋作为礼器，出现于新石器时代而盛行于商。龙山文化出现的大型牙璋最早、最精美。龙山牙璋取料于深墨绿或深绿褐色的玉石，长条片状，底部装饰有不同组数的扉牙，并阴刻有不同数量的栏线；首部变宽分为Y形，双面磨为刃，非常神秘与威严。据近年的研究，牙璋起源于山东半岛的龙山文化中期，此后不断向周边扩展，影响到河南、晋南、陕北的龙山文化玉器，都在这一时期出现带有扉牙的牙璋。夏代，牙璋以二里头文化为中心扩展更广泛，从中原至岭南乃至越南都有牙璋出现。有的学者因此把牙璋作为中国国家形成的象征。

商代，璋是主要的祭祀礼器之一，山川河流之神皆以玉璋祭之。蜀地三星堆文化发现了大量的玉璋，用当地彩石磨制，体形巨大。三星堆有青铜人像组成的盛大祭祀场面，其中有铜人，跪姿，双手高举牙璋，反映了玉璋的重要通灵功能。玉璋的功能除了祭祀南方神，还有军事的功能。商周时期，礼主要有“吉、凶、军、嘉、宾”五种，每种礼都要举行隆重的祭祀仪式。军礼即是起兵之前的重要祭祀仪式。这个仪式上，璋是重要的祭器。《周礼·春宫·典瑞》中记载：“牙璋以起军旅，以治兵守。”《诗经·大雅·棫朴》“济济辟王，左右奉璋。……周王于迈，六师及之”，则反映了西周时期牙璋显示军权的威仪。玉璋的使用在战国逐渐式微，汉以后已基本上没有发现任何实物，历代祭祀山川河流反而用圭璧与玉册更多一些。

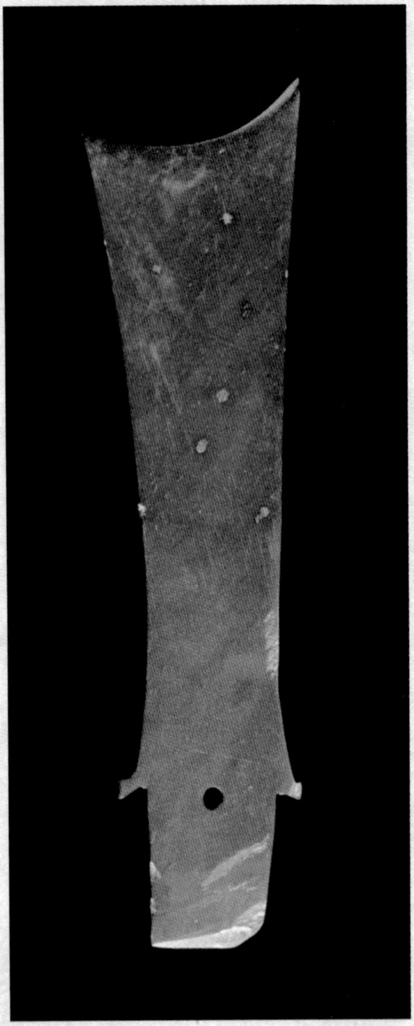

▲玉璋（龙山文化），长27.5厘米、刃宽7.2厘米、厚0.5厘米。墨绿玉，质地细腻，有斑点。扁平长身。一端为方形短柄，柄部正中有一穿孔，短柄与器体结合处两侧各有一突出于体侧的阑。刃部较宽，一侧较尖锐，一侧略低平，刃线呈内弧弯月形。

▲玉璋（龙山文化），长49厘米、宽7.8厘米、厚1厘米。墨玉，青灰色，柄部有褐色蚀斑。体呈扁平而略厚。首端呈叉“Y”形，稍薄但未开刃。长柄，一角微残，两侧雕出齿棱，齿棱前方又雕出两小齿。形体巨大，磨制规整，通体组抛光，神秘而庄重。

▲玉璋（龙山文化），长16厘米、顶端宽4.5厘米、下端宽2.5厘米。玉质白色，沁蚀较重。璋身在靠近柄部处断裂为二，尖端稍残。柄部穿有上下两个孔，扉牙装饰。两侧各一组大扉牙，上有四个扉牙；各两组小扉牙，每组上有扉牙两个；底部刻扉牙七个。此器形制独特，设计规整，古朴遒劲，尺寸虽小，不失神秘威严之感。

▲玉璜（战国），长15.4厘米、宽4.5厘米、厚0.5厘米。和田玉，青色，玉质致密油润，略有沁蚀。器两侧微起牙扉。中间有一对钻孔。纹饰以孔为中心左右对称，饰七周云纹，璜两端为两龙首。装饰繁密，琢制工整，自然流畅，气韵生动，为东周玉雕精品。

▼玉璜（陶寺文化），长6.7厘米、厚0.4厘米。玉料青白色，有黄色土沁。半圆形，两端各有一个双面对钻穿孔。磨制精到，古朴生动。

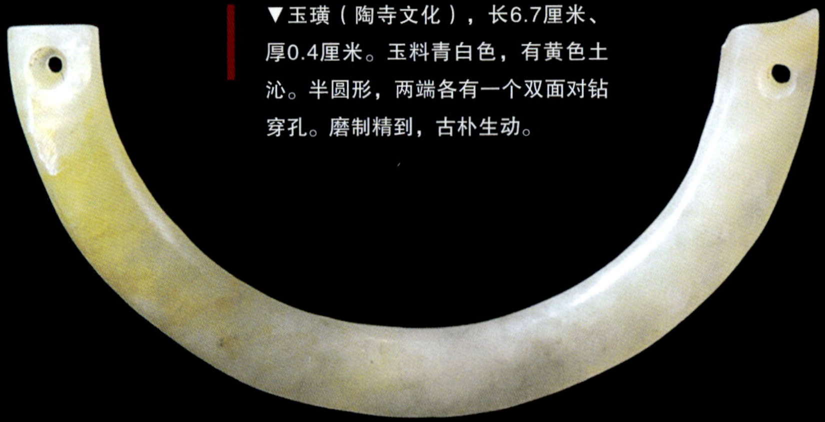

玉璜与玉琥

“六瑞”之中另两器为璜与琥。按《周礼》之说，“玄璜礼北方，白琥礼西方”。这样天地四合便有了这六瑞器的祭祀。但是这两器在六瑞器中的出现、形制、功用略显复杂。

先说璜。《说文》上讲“半璧为璜”，意思是璜是璧的一半，但实际发掘所得及传世品中很难见到半个璧的璜，只有良渚文化玉器中有，且上面刻有神人兽面纹。其他文化玉器及商周玉器中不见此制式。璜的出现较早，在长江流域的崧泽文化以及石家河文化中都有出现。其形制皆不是半璧，而是片状或圆方形断面的孤形玉器，有的三分之一圆，有的四分之一圆，甚至五分之一或六分之一圆，皆为素面。初期玉璜很小，是作为颈部的串饰出现的。璜的两端有孔，以作穿拖系挂之用。龙山、齐家、石峁等文化玉器中不

▲玉琥（商代），长9厘米、高3厘米、厚2.2厘米。和田青玉，玉质莹润，局部有较重褐色土沁。虎为臣字眼，竖耳，嘴部对穿一孔，牙齿外露。伏卧于地尾部上翘，身饰减地阳纹，细阴线刻画腿部。此虎刀工浑厚，工艺精湛，生气勃勃，是不可多得的商代虎形圆雕。

▲虎形玉佩（西周），长8厘米、高2.8厘米、厚0.2厘米。青玉，灰褐色。片状体。玉虎头微昂前伸，立耳露齿，长尾上翘，四肢前屈，作急驰状。造型生动，凶猛强健，虎身、虎耳均饰阴线云纹，口部钻一圆孔。

见大型璜的踪迹。因为它与璧琮璋圭在体积上悬殊较大，不像是居于同等地位的礼仪用器，事实上发掘中也不见它们组合在一起。商代玉璜考古中有发现，尺寸较大的多数是璧环类器物损坏后改制。有的玉璜外缘出现了扉棱。在济南大辛庄商代遗址中发现了半璧形的璜状物，与玉圭一起出土。周代之后，很难见到祭坑中出现玉璜。整个两周时期以及汉代，事实上璜是基本上作为佩饰品出现的。商周时期，有些关于璜的神话。姜太公钓于渭水，钓得一枚玉璜，上面刻着六个字：“姬受命，吕佐捡”。周文王用姜太公为相，遂得天下。石器时代璜为佩饰，光素无纹。周以后玉璜上开始琢制花纹，后来出现凤鸟纹、龙纹以及流动的云纹。战国时期，璜的数量与形制都有大发展，部分璜两头雕成龙形，璜体的装饰亦丰富多彩起来，谷纹、蒲纹、勾连

▲玉琥（西周），长8.5厘米、高3.4厘米。片状，双面雕。和田白玉，玉质细腻。虎呈伏卧之势，低头舒尾，身用一面坡刀工雕出肌肉与毛皮花纹，轮廓用绹纹装饰。虎目圆睁，面部穿一孔，作为虎口，上唇上翻，下颚刻出利齿，十分威严，局部钙化盘变，更显沧桑之感。

云纹、几何纹都大量用于装饰，精美异常。这些玉璜是玉组佩的主要基干，因为级别高而设计工整、磨制精湛。璜在玉组佩中的位置不同，有的璜一孔，有的两孔，还有的三孔。直到魏晋南北朝，玉组佩由简化到消失，璜亦随之简化与消失。战汉时期，玉璜还作为丧葬用玉，握在死者手中，满城汉墓刘胜手中的玉握便是龙首璜。

琥的身世与用途更加吊诡。琥在石器时代未有发现。商代玉器中开始出现，有立体圆雕的琥，也有虎形的玉片。圆雕琥身体近于方柱，臀肩高凸，背部略塌，虎尾粗而长，全身为双阴挤阳线刻出花纹，抽象而夸张。片状琥较多且玉质好，长尾上卷，张口，口内缕空，呈多角星状，虎身用数道阴线刻画皮毛及前后肢，眼为臣字眼。春秋战国时期，亦出现许多虎

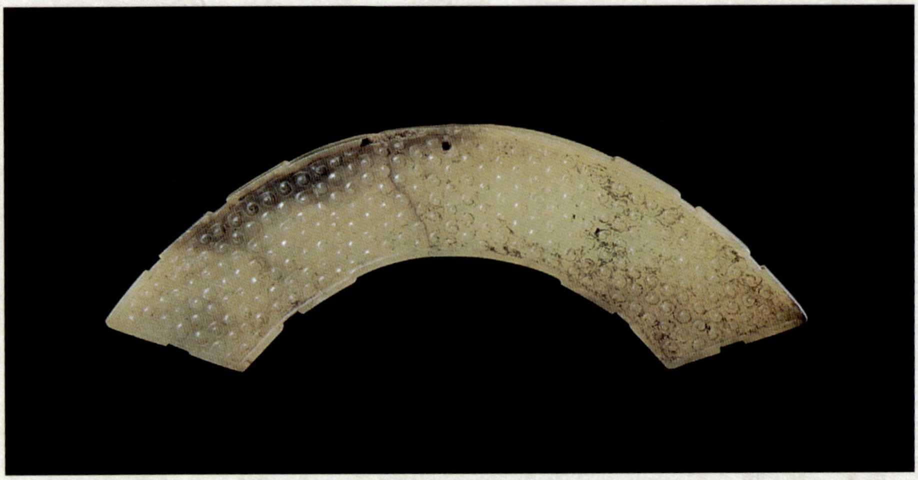

▲玉璜（西汉），长18.1厘米、宽3.5厘米、厚0.5厘米。青白玉，局部淡褐色沁。扁平弧形。璜面有廓，内刻浅浮雕谷纹，四缘出扉棱。璜体中部上端有一小孔，两端扉牙表示两龙首，工艺精湛，简约传神，精美脱俗。

形玉片。此期虎身纹饰很复杂，多直角的“S”纹，虎头小而方，虎嘴张开，上唇向上卷。战国片状琥，用玉考究，饰有孤线纹及谷纹，虎唇为斧钺之形，虎身多伏卧。汉代琥被大大神化，琥一般具有了飞翼，有的头上长出角，圆睛，立眉，虎须戟张，很是威猛，多作为辟邪摆件。《周礼》把玉琥作为“六瑞”之一，但我们一直没有发现祭祀中用的琥和虎形玉器。如果把商周片状玉虎（多为小件）作为琥则非常勉强。张明华先生研究认为，商代圆雕的玉虎是巫师作法时用以强化与上天沟通法力的虎蹻。虎的背上应驭有巫师的化身，商代多见玉跪人，应当就是骑在虎背上的巫者。所以有学者提出《周礼》成书于战国后期，是儒士们根据当时的认识对周代礼制、祭祀制度进行附会、杜撰的。现在话还不能说得如此绝对，玉琥的身世与形制还有待于考古发掘和进一步的研究。

▲玉刀（商代晚期），长25.2厘米、宽3.9厘米、厚0.6厘米。墨绿色。凹背曲刃，翘首长柄，仿同时期铜刀所制。刀刃两面磨制，较锋利，无使用痕迹。背部镂孔，刻八组方形扉棱。刀身两面各雕刻六个鸜鹆状小鸟纹。刀柄尾部有一穿孔。

玉兵

上古时期，“国之大事，在祀与戎”。上面我们讲了祭祀所用的“六瑞”，这一节就要讲有关军事征伐的玉兵了。玉兵，指的是玉制兵器，从各文化期考古发掘看，主要有斧、钺、戚、刀、戈这些器型。玉制兵器源于石制的工具，出现在距今5000年左右的新石器时代后期。马家浜、崧泽、大汶口、凌家滩时期，石制工具中分化出了玉制工具；到良渚、龙山时期，玉制的兵器种类繁多、工艺精湛，进入一个繁荣期，其功能也逐渐固化为神权、王权、军权的象征。到了夏代，玉制兵器是王权、军权的维护者，是彰显君权神授、王室威严的仪仗器。商代青铜与玉石并用。玉制兵器主要用于华美的仪仗，用于命将出征的典礼，用于君王与将军的指挥权授受，用于战

▲玉斧（龙山文化），长12.5厘米、刃端宽7.2厘米、厚1.5厘米。玉色青绿莹润，土沁较重。整体呈梯形，双面磨制出刃，近窄端处对钻一孔，斧面中凸，厚度向两长边稍减。规整厚重，抛光细致。

▲玉钺（良渚文化），长15.6厘米、顶宽10.6厘米、刃宽11.6厘米、上孔径1.55厘米、下孔径2.2厘米、厚0.8厘米。玉质沁为黄白色。平面略呈长方形，弧刃宽于顶端，一刃角残，上部对钻两孔。顶端留有线切割痕，一面留有锯痕。

前的誓师，用于得胜后的庆功。因此，商代是玉制兵器使用的顶峰。到了西周，玉制兵器依然用于上述场合，但其地位逐渐被日新月异发展的青铜兵器和礼器所取代。春秋战国之世，玉制兵器往小巧、精美的观赏之器发展。斧钺的器形和名字传了下来，依然是王权和军事指挥权的象征。不管它们用什么材料所制，它们永远承载着玉石时代的功能与文化符号。

石器时代，功能最强、使用最普遍、出现最早的工具便是石斧。新石器时代的石斧一般尺寸较小，双面开刃，形状为长方形或梯形，比较厚重，没有钻孔。使用时，古人握在手中用于砍砸或切割。玉斧出现后，早期没有钻孔，后期斧形逐渐变大，开始穿孔，可捆绑在手柄上，使用更加方便。但

▲玉戚（商代晚期），长14.9厘米、刃部最宽14.4厘米。青绿色。器体厚薄不均，其中一面在圆孔两侧各有倾斜沟状凹槽。另一面正中也有一条凹槽。中部圆孔为单面管钻，呈漏斗状。刃部被平分四小刃，即“多刃戚”，两小刃相连处较厚，小刃中间较薄。整器素面，抛光圆润。

▲玉钺（西周），长14.3厘米、宽11厘米。墨绿色。直背，双面弧形刃，体中有一大圆孔穿。通体抛光。

是我们也注意到，在各个文化期发掘的玉斧上，很少或绝无使用的痕迹。不仅是玉斧，即使稍后出现的玉钺、玉戈、玉刀上亦没有使用的痕迹。这种情况说明了什么呢？答案只有一个：这些玉兵器不是实用器，而是具有特殊作用的礼器、仪仗器。那么在什么情况下，先民们会将磨制精美、温润亮泽的玉器作为礼器和仪仗呢？人类社会发展的历史告诉我们：当社会出现贫富分化，部族首领不仅掌握财富而且掌握宗教祭祀权、战争指挥权、社会管理权时，他们便需要利用某种高贵的东西来象征和显耀其地位和权力，并借此来维持社会的等级秩序。应该说，这些玉制兵器当时起到的就是这种作用。玉制兵器作为仪仗礼器，说明新石器时代的后期，阶级分化产生了，军权、王

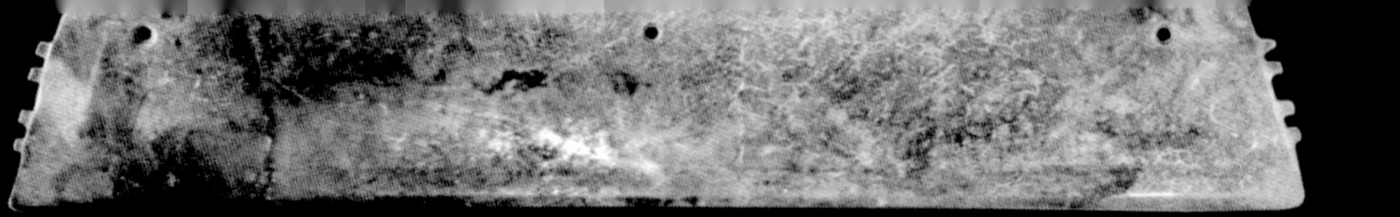

▲玉刀（二里头文化），长53.5厘米、宽8.8厘米、厚0.7厘米。豆青色。长条扁平梯形，长边为双面刃，近刃处与两侧变薄。背部有等距圆孔三个，两侧有扉牙各四个。

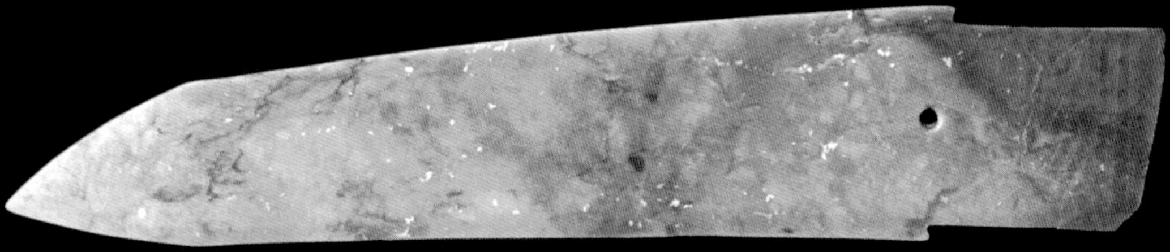

▲玉戈（商代），长43.3厘米、宽9厘米。青玉。整体呈扁长形。援前端为三角形，援一边略斜，另一边平直，前锋尖锐，两面有刃，中央光素无纹。直内，作长方形，两端有平行的弦纹，中间饰斜方格纹，在近阑处居中有一圆穿。

权、神权的一体化得到巩固，国家的雏形已经出现。

斧是军事指挥权和王权的象征。《礼仪·觐礼》中说：“天子设斧，依于户牖之间。左右几，天子衮冕,负斧依。”就是说，举行重大仪式时，宫殿门口要有士兵持斧作为仪仗，天子盛装立尊位于画有大斧的背景之前，以彰显自身的威严。

钺，“大斧也”，它实质上是斧的大型化。钺的形状比斧更大、更宽、更薄，最重要的是刃的弧度加大，并两端上翘，呈“风”字形。钺与斧一样是军权与王权的象征，“秉钺，示当断制天下也”。钺在良渚和大汶口文化时期便出现了。以良渚文化为例，反山、瑶山的发掘证明，部落贵族的大墓中都有钺的出现，摆放在死者的左手边。反山最大的十二号墓中出土了由玉钺和玉瑁、玉墩和镶嵌玉粒的柄组成的权杖。这充分说明当时国家权力金字塔已经形成，王与贵族将领掌握着军权和政权。夏代及以后，钺的至高无上的地位得到进一步巩固。《史记》上记载，商汤伐夏，“汤自把钺”。武王讨纣，“左仗黄钺，右秉白旄以麾”。纣王自焚后，还仪式性地“以黄钺斩纣头”。武王即天子位时，“周公旦把大钺，毕公把小钺，以夹武王”。这些记载说明，钺的象征性地位极为重要。它表示“君权神授”，神圣不可侵犯，同时也透露出贵族持钺有等级之分，不同大小的钺代表了不同的权力。此后，这一制度世世代代流传了下来，直至清朝灭亡。商代在使用玉钺的同时，大量使用青铜钺。湖北盘龙城、山东苏埠屯、河南妇好墓中我们都发现有铸有狰狞兽面纹的大型青铜钺。春秋战国之时，拜将出征，君主要授将军以斧钺。《淮南子·兵略》载其礼：“凡命将出征，仪式上君主亲操钺，持头授将军其柄曰，以此上至天者将军制之；复持斧，持头授将军其柄曰，以此下至渊者将军制之。”这就

▲玉戈（战国），援内通长11厘米，栏高6.5厘米。和田白玉，玉质致密油润。整器装饰阴刻卷云纹，一条绹纹自锋部直通下栏。上栏自下栏钻有三孔，双刃、无脊，刃部用方块网格纹装饰，戈尖阴刻兽面纹。内周用绹纹装饰，内上穿有一孔。下栏端部有黑沁，留有一条切割痕迹。设计精巧，纹饰繁缛美观，工艺精美。

等于赐了尚方宝剑，将在外，临机处置一切。后世命将出征，皆“假黄钺”，也就是授之以钺，表示军事指挥权的授予。历朝历代卤簿之上有斧钺，皇帝衮服上有斧钺，皆用其体现至高无上的权力。

自新石器时代后期到商，还有一种斧形的兵器，称为戚。戚形状像钺，与钺的区别是两侧有扉牙，多少不等；穿孔更大，常占到表面的一半。较之钺，戚给人的感受是更狰狞、更威严、更夸张。在夏商时期，戚是仪仗兵器，同时也是“武舞”的重要道具。当年禹三败三苗而苗不服，禹“执干戚舞于两阶之间，而三苗服”。干即盾，说的是大禹一手持红色的盾牌，一手执戚，威武的舞蹈降服了叛乱的苗蛮。《礼记·明堂位》记载，“季夏六月祀周公”，要表演彰显武力的舞蹈。勇士们“朱干玉戚，冕而舞大武”。西周以后玉戚使用渐渐少了起来，春秋时已不再见。

玉刀出现较早，新石器晚期同样作为仪仗用品。形制有两种：一种为长方形薄片，下边磨制出刃，上边平直，钻有多少不等的孔，以固定于柄上。有的装饰有阴线弦纹，这种类型一般形体较大，长者达40余厘米。另一种为长形孤刃，有把。这种类型出现较晚，形体小于第一种，商代玉刀多用此制，雕有云纹菱纹等装饰。

玉戈是由石镰和石镞发展而来的，最早出现在凌家滩文化，龙山文化多了起来，到夏代二里头文化进入大量使用期。玉戈早期直援、直内、尖峰双刃，中间无脊。到夏代，体量不断加大，夏商时玉戈有长至95厘米者，30~40厘米为常见。夏代后的玉戈中间起脊，到商有双刃三脊者。在三星堆文化中，可见到大量此类玉戈。春秋战国，玉戈形体逐渐变小，变为玩赏陈列之器。其形制上亦仿青铜戈，出现了胡与栏。有的遍身雕满纹饰，极为精美。

▲玉组佩（西周），长约80厘米。由四件玉璜、人龙鸟兽纹玉佩、兽形龙鸟纹玉佩、玉兽头、双凤纹玉佩各一件，两件方形凤鸟纹玉佩、八件长条椭圆形变形凤鸟纹和变形龙纹玉佩、以及玉管、红黄白玛瑙珠管连缀所组成。上可系人之颈部，下垂至胸腹。绚丽多彩，十分华贵。

◀玉组佩（西周），最大璜长16厘米。由绿色料珠、红色玛瑙串珠连接六件玉璜。自上而下第一、二件，玉料呈白色，璜上装饰龙纹。最后一璜最大，镂刻变形龙凤纹。中间玉璜装饰凤鸟等图案。此组佩设计新颖，珠串红绿相间，与美玉相映成辉。工艺精湛，精美脱俗。

玉组佩

玉组佩是两件以上玉饰件穿制在一起的佩器。新石器时代便有出现，多为颈饰，亦有悬挂于胸前者。到了西周时期，随着用玉的等级化，出现了大型的玉组佩。史料记载，玉组佩上有葱衡，下有双璜，冲牙、蠙珠以纳其间，是基本的形制。当时的组佩以玉璜为主体，有一璜、三璜、六璜、七璜者，间以璧、管、珠串连一体。目前发现最大的西周组佩在山西晋侯墓，以四十五件璜为主体，间以珠、管、动物雕件复杂地穿在一起，长达1.5米以上。

玉组佩只有天子与各诸侯国国君及夫人才能使用，其他等级的贵族不能用。近百年考古发现，玉组佩皆出于诸侯国君及夫人之墓，等级非常之高。玉组佩亦称“节步”，佩戴玉组佩者行止要有度，步伐徐缓，彰显出雍容高贵、从容不迫的气度。行走之间，玉饰件互相撞击，其声悦耳。如步伐太急，上下跳跃，则玉声嘈杂，有失君主风度。《礼记·玉藻》篇说：“古之君子必佩玉，右征角，左宫羽，趋以采齐，行以肆夏，周还中规，折还中矩，进则揖之，退则扬之，然后玉锵鸣也。故君子在车，则闻鸾和之声，行则鸣佩玉，是以非辟之心，无自入也。”君主佩玉组佩行止有度，玉音叮咚，鸾凤和鸣，可以净化君主之心，彰显出君主的高贵雍容，这正是儒家道德化玉器的目的。

由于玉组佩等级极高，故选料极精，皆为上等和田玉，琢制工艺精湛。一组好的组佩不光有美玉，有的还有玛瑙、水晶、绿松石做成的珠管穿杂其中，鲜艳夺目，极尽工巧，观之令人有鬼斧神工之叹！

玉组佩始于西周，盛于春秋，巅峰在战国末期至汉早期。汉中期后，玉组佩有简化的趋势，这与国力或有关系。到魏晋时期，玉组佩经过曹魏

▲龙形冲牙（西周），长6.4厘米、最宽1.7厘米、厚0.4厘米。和田黄玉，轻微灰沁。一面坡刀工，流畅自然。龙突目，卷鼻，鼻下一条长须逶迤下舒，十分威严。龙唇下沿斜穿一孔作佩带之用。设计奇巧，刀工有力，十分少见。

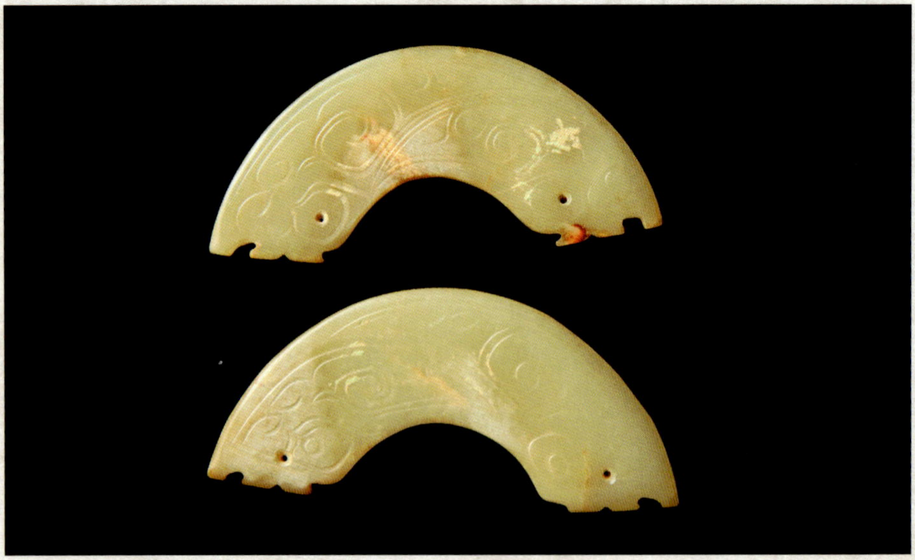

▲凤纹璜（春秋），一长10.5厘米、宽3厘米；一长10.2厘米、宽3厘米。和田白玉，玉质莹润致密，微沁。双面雕，西周一面坡刀工，刻画变形凤纹。构图严谨，刀工洒脱，生动而传神。璜的两端皆刻有扉牙，恰作凤鸟之冠，十分巧妙。单面钻孔以作佩挂之用。

▲玉组佩（西汉），由上至下：鹰形玉珩，长9.9厘米、宽4厘米，双鹰纹玉璧，直径7厘米、孔径3厘米，镂空玉舞人，长4.4厘米、宽2.2厘米。凤形玉觿，长10厘米、宽3.2厘米、厚0.25厘米。和田白玉，玉质坚密油润，有部分灰白沁斑。由鹰形玉珩、鹰纹玉璧各一，玉舞人和凤纹玉觿各两件所组成的一套完整的玉组佩。玉珩雕琢成展翅飞翔的玉鹰形象。玉璧璧面内雕琢两只背向之雄鹰。玉人形象服饰相同，形态婀娜多姿。凤鸟形玉觿，圆眼尖长喙，头顶有卷曲高冠，十分精美高贵。

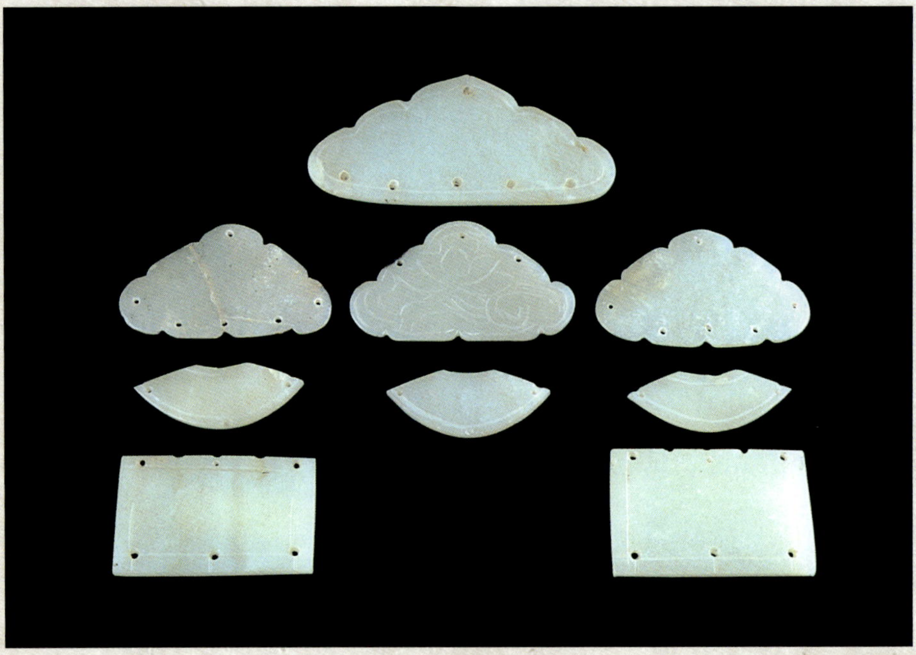

▲玉组佩（明代），葵形提头玉片饰中最大件长8.6厘米、宽3.93厘米、厚0.6厘米，方形佩饰中大片长5.16厘米、宽3.4厘米、厚0.51厘米，玉呈白色。致密莹润。共九片，由不同形状玉饰组成。工艺粗疏，制作简单，体现了“粗大明”风格。

进一步定制，已非常简单，只是几块青色素面的玉璜、玉珩组合在一起。到隋朝，玉组佩已可用于士大夫阶层，但是形制进一步简化，无复战汉之繁荣辉煌。到宋辽金元明清时期，玉组佩变化为玉步摇，以各种花卉、鱼虫雕片穿饰成串，四五串集束一起挂在腰间，佩者行走之间，便可听到清脆的撞击之声，亦起到节步的作用。

▲玉剑首（西汉），直径5.2厘米、厚0.6厘米。褐色。体为扁圆形。纹饰分为内外两区，内区中央有一球面突起并饰勾连云纹，外区饰谷纹。背面有三个孔，孔外有一道深槽与三个孔相连。刀工娴熟，纹饰疏朗大方，抛光细致，厚实大气。

玉剑饰

用玉来装饰佩剑，称为玉具剑。这一装饰习惯是西周末年开始的，伴随着玉的人格化道德化，贵族以此为时尚，快速发展起来。一般来说，西周末年到春秋，玉剑饰由少到多，逐步发展。开始只是在剑柄的末梢，或剑柄与剑身相接处有一块或两块玉饰。到了战国剑鞘上也开始用玉装饰，最后形成包括“剑首、剑格、剑璏、剑珌”完备的四种玉饰。战国时期，四件齐全的较少。到战国后期和两汉，四件齐全成套的玉剑饰出土较多，

▲出廓剑璏（战国），长7.5厘米、宽3.2厘米、高1.1厘米。和田白玉。全器钙化，表层可见硃砂痕迹，强光照射，可见半透明玉质。此器浮雕一龙，龙首出廓。龙为水滴眼，卷唇露齿，长须飘扬，四肢虬劲有力，长尾颇具动感。其线条疏密匀称，似断若续，轻灵逶迤，令人叹为观止。

▲玉剑饰四件（汉代），剑首径4厘米，硃砂沁，表面下凹，装饰有勾连谷纹和柿蒂纹。剑格长5.8厘米，装饰浮雕兽面纹。剑璏长7.8厘米，铁沁入骨，装饰浮雕勾云纹，一端刻兽面纹。剑珌梯形，上端长4.4厘米，下端长5.2厘米，铁沁，阴线刻画几何兽面纹。玉剑饰单件多见，全套极少。此套剑饰玉质莹润、坚密，工艺精湛，抛光细腻，宝光四射，古气盎然。

大多出于较高等级的诸侯王墓之中。三国两晋时，玉剑饰的数量和种类大大减少，仅见剑首与剑璏，隋唐以后几乎不见。到了宋元明清时，社会上出现了大量的仿战汉玉剑饰。那时的仿制，追求的是漂亮，玉料考究，但工较纤弱，没有战汉时期的硬朗。

玉剑首多为圆形，战国时较薄，一面刻有沟槽与剑柄相接。玉剑格也称护手，镶于剑柄与剑身之间，扁长形，中部向两面凸起，截面是菱形。玉剑璏镶嵌于剑鞘上，供穿带而佩，长方形，两端向下卷曲，下有一长方孔，便于穿带固定。玉剑珌镶嵌于剑鞘之末端，基本形状为梯形，也有方形，大小不一，形制较多，较厚重。

▲凤鸟纹玉剑珌（汉代），高4.8厘米、宽3.5厘米、厚0.7厘米。玉质白色，半透明，有黄色沁和灰色沁。体扁平，两面雕琢，纹饰相同。镂雕凤首高昂，尾高卷，外廓有一周凹线。阴线刻画凤鸟纹，雕法简洁，线条流畅。底部有一圆形钻孔。剑饰多雕螭纹，凤鸟纹少见。此器设计奇巧，工艺精美，给人美的艺术享受。

玉剑饰的出现是玉器道德化、用玉等级化的表现。春秋战国至两汉，在重大朝瑾、礼聘、祭祀、宴享活动中，诸侯贵族皆佩剑，而用玉装饰心爱的宝剑是贵族彰显身份的手段。试想一把华贵的礼宾剑，装饰着美玉，光彩夺目，华丽中透着威严是何等

▲螭虎纹玉剑格（西汉），长5.5厘米、高1.9厘米、厚0.3厘米。和田玉，青白色，表面附有铁锈痕，玉质细腻，抛磨光亮。玉剑格卡在铁剑后端和剑茎之间，近似“山”字形，中脊凸出，两侧斜收较薄，侧面为菱形，中有长方形圆角穿孔。一面造型为高浮雕螭虎，另一面以脊部为中心阴刻兽面纹。螭虎雕刻精美，张力十足，非常生动。

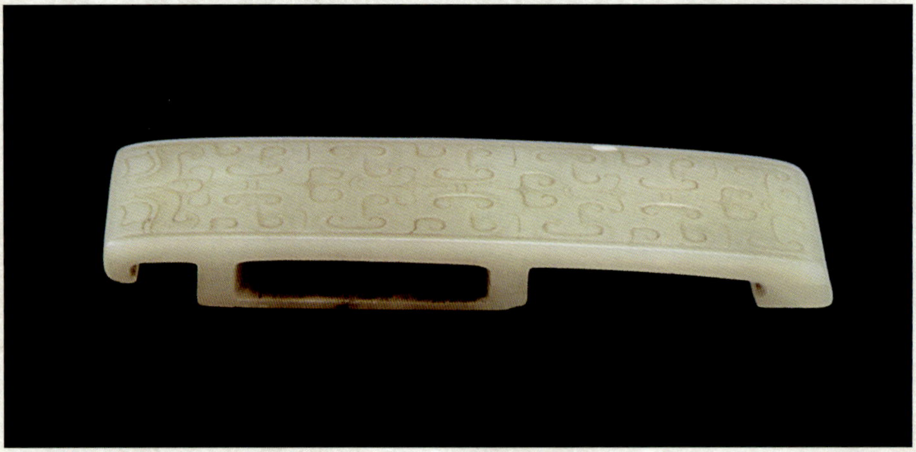

▲兽面云纹玉剑璏（汉代），长11.1厘米、宽3厘米。玉质青白色。长方形，上面两端弯曲，下面有长方形穿孔。表面用减地隐起工艺，饰兽面的双眼双眉，其余地方饰勾连云纹。纹饰凹凸有致，颇有立体感。

的时尚。《说苑·反质》篇载："经侯往见魏太子，左带玉具剑，右带环佩，左光照右，右光照左。"千年之后，犹可想见经侯神采焕发、直视阔步的风采。

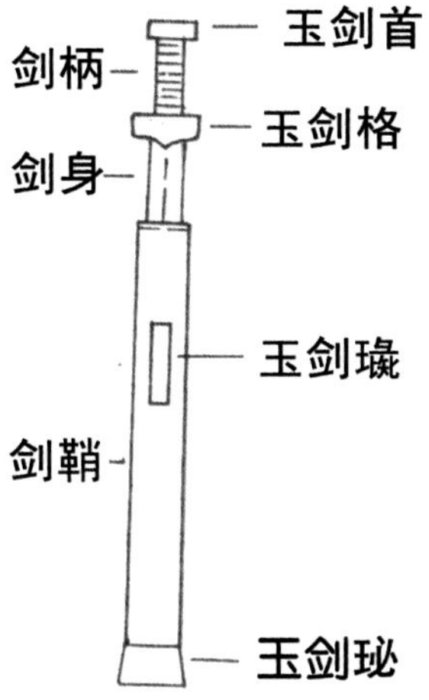

玉具剑示意图

贵族们争奇斗艳，因此玉剑饰选材严格，皆为上等的和田白玉，设计奇特，雕制精细。春秋至战国初期，花纹多为几何形图形，有几何云纹、几何兽面纹。战国中期之后，出现勾云纹与兽面纹结合，以及蒲纹、谷纹。战国后期，开始使用螭虎纹。其形虎面长身，四肢壮硕，绳状长尾，非常威严。出现在剑饰上的螭虎多为浮雕和圆雕，或隐于云雾之中，见首不见尾；或张牙舞爪，怒目圆睁，身形虬劲，势作扑敌之状，达到了玉剑饰制作的巅峰。

◄玉韘（商代），高2.7～3.8厘米。玉呈淡绿色，少部分呈淡褐色。下部较平，上端切为斜面，中空，可套入成年人拇指。背面下部有一条横向的浅槽，槽由窄而宽。正面雕兽纹，双目下各有一圆孔，面部两侧分别雕身、尾和足。构思奇特，纹饰威严，工艺精湛。

►玉韘（战国），通高5厘米、最宽4厘米。和田白玉质，玉色温润。琢工精良，抛光细致，泛玻璃光泽。心形之上满饰勾连云纹，繁缛精美。外缘饰镂雕祥云、瑞鸟，大气华贵。为战国韘佩中的精品。

玉韘与鸡心佩

韘，决也，表示佩带者有杀伐决断的能力，故战汉时期上层王公贵族将军多佩韘。韘最早出现在商代，上至天子下至贵族戴在手指上，作拉弓射箭之用。妇好墓曾出土一枚，其制下端平，中有沟，用于勾动箭弦。旁穿两孔，用于穿佩绳子系于手腕，以防掉脱。彼时，韘是实用器，同时又兼顾了美观。通常韘周身遍布美丽的简化兽面纹，是贵族们互相炫耀的饰物，也是馈赠的礼品。西周时，天下太平。周天子百国拱卫，打仗少了，即使打仗，贵族们也不用骑马控弦，冲锋陷阵了。由此导致韘的实用性降低了，形制逐渐发生了演化，由筒形逐渐扁平化，控弦的沟槽，化为出廓的抽象龙凤，整体成为心形，仅作佩戴之用，就像满清后期满族王公佩戴的搬指，在材质上争奇斗艳，工艺上精益求精，成为王公贵族的玩物。春秋战国直到汉代，韘一直存在，作为贵族的身份象征。它承载着将军对征战沙场的向往，佩挂在他们的腰间。有的研究者认为，战国以后特别到了汉代韘演化成了鸡心佩。这种说法是不确切的。考古材料证明，汉代应是

▲玉韘（春秋），长4.2厘米、宽2.8厘米、孔径2.1厘米。一对。青玉，致密润泽。椭圆形，外侧有一扳突，用于控弦。大孔用于纳拇指。设计规整，刀工犀利，磨制光洁，十分难得。

◀羽人纹鸡心佩（汉代），高6.7厘米、宽5.3厘米。玉质润泽，包浆灰黑色。主体作心形，上部镂雕羽人，长发飘逸，肩生羽翼，拱手跪拜于螭前。周遭镂雕凤纹、螭纹。中心一圆孔，孔下有细线纹饰（似兽首）。此器构思诡奇，神秘灵动，刀工洒脱，精美异常。

◀鸡心佩（汉代），长7.4厘米、宽6.5厘米。和田黄玉，玉质细腻，玉色娇嫩。微绺处有红褐色微沁，边缘有红沁点点，益增整器的神秘与美感。两侧透雕变形龙凤纹。佩双面游丝毛雕云气纹，刀法细致，线条潇洒而流畅，极为罕见。

韘与鸡心佩共存的时代，鸡心佩是汉代新创的器型。

把鸡心佩与韘混为一谈，始于清末古玉研究大家吴大澂。他在《古玉图考》一书中说，韘“俗名鸡心佩”，后来的研究者多引用他的说法。这种观点不能完全说是空穴来风，因为二者形状上的确有相似之处：都有鸡心状的立体，有或大或小的穿孔，周廓有镂雕的云气纹、龙纹、螭纹、凤纹，还有飞熊等纹饰，在器身之上有游丝毛雕刻画的流畅图案。但鸡心佩等级比韘形佩高，考古发掘多见于诸侯王墓，如2016年海昏侯墓出土的两件鸡心佩，一为白玉，一为青白玉。其玉质莹润，镂雕龙凤纹，做工精细，鬼斧神工，是汉代玉佩之精品。

鸡心佩代表了古人何种观念，史无明载。有的学者认为，鸡心代表女阴，周边出廓龙凤或变形龙凤代表阳，整器代表着阴阳调合，生生不息。这与道家思想在汉代的发展有关。姑且作为一种说法。

►心形玉佩（西汉），高7.1厘米、宽4.4厘米、厚0.4厘米。和田青玉，泛青黄色，局部受沁，有灰白斑和褐色纹理。片状盾形，中心钻一圆孔，正面圆孔下呈半圆状凹形。两侧和顶部均镂空，其图案为变形且不完全对称的螭纹和凤纹，表面阴刻各种云纹。构思奇巧，琢制精湛，抛光细腻，为汉代鸡心佩精品。

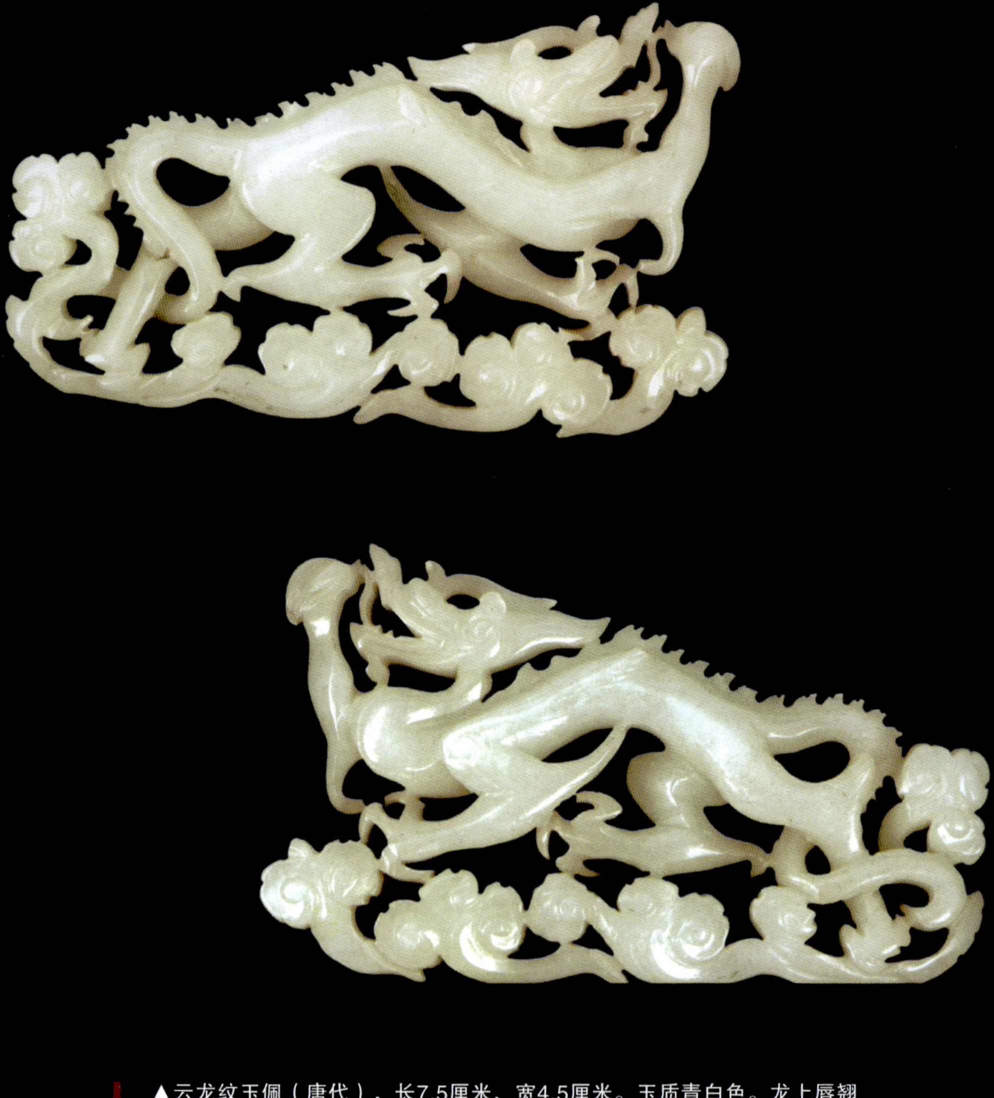

▲云龙纹玉佩（唐代），长7.5厘米、宽4.5厘米。玉质青白色。龙上唇翘起，张口，挺胸昂首，龙身为拱形如行走状，一束毛发张扬飘浮在脑后，为唐龙的特点。爪为三趾，足踏云纹，脊背雕刻锯齿状纹，雕琢精细。龙的造型如行云流水，带有明显唐代遗风，为此时玉龙中罕见的精品。

玉雕动物

从新石器时代至今，动物玉佩一直占据着非常重要的地位，是玉雕最基本的题材。古代的动物玉雕件十分丰富。从内容上说，有神话中的动物，有自然界的动物；从造型上分，有写实的，有抽象的；从工艺上说，有圆雕的，有片雕的；从用途上分，有佩饰件，有摆设件；从装饰上说，有独立作为佩饰的，也有作为纹饰刻在玉器上的。

先民认为“万物有灵”，风雨雷电、山川河流之神掌管大自然，花草树木、飞禽走兽皆能通灵，它们具备人类所不具备的本领，也能够左右人类的生老病死。新石器时代，各个文化都出现了动物或动物纹的玉雕。红山文化玉器最具代表性。其动物玉雕种类众多，包括现实中的鱼、鸟、猪、羊、蚕、蝉等。这些动物多为圆雕，基本以写实为主，加以概括和抽象，使动物某一部分如身形、面部、眼睛更加突出强烈。他们高度概括地创造了神话动物玉龙、玉猪龙、玉鸮等。玉猪龙、玉龙都是红山先民的吉祥神，它们多系于巫师的法衣上，寄托人们对风调雨顺、五谷丰登的期望，或对逝者升天永生的祝福。

到了商周时期，动物玉佩的种类大量增加，重要者有玉虎、玉熊、玉象、玉猴、玉鹿、玉马、玉牛、玉羊、玉兔、玉鸡、玉鹦鹉等；形式上圆雕动物多一些，片状动物少一些，有孔的动物作为佩件者多，无孔的多作为摆件或镶嵌件。在妇好墓中，我们见到了大量的动物雕件。这些动物造型别致，工艺精美，神态生动，富有生活气息。其功用有二：一些特殊的动物，如玉象、玉牛、玉虎可能用于祭祀中摆放，其他的则作为贵族们欣赏的艺术品了。商周的动物雕件多为臣字眼，用双阴挤阳的方法（两条阴线挤出一条阳线）或一面坡大斜刀工艺，刻出生动流畅、飘逸飞扬的纹饰。

▲玉马（战国），高5.7厘米、长4.5厘米、宽1.8厘米，底座长2.3厘米、宽1.7厘米、厚0.35厘米。黄玉质。圆雕马呈站立姿态，昂首竖耳，马口微张。鬃呈竖棱突起，马尾卷曲，腿部肌肉清晰，前腿直立，后腿微曲，站立于方座之上。以阴线和浅浮雕着意刻划眼、耳、口、蹄、尾等细部，工艺精湛，抛光油润，宝光四射，是不可多得的战国玉雕精品。

▲玉卧羊（魏晋），长15.1厘米、宽6厘米、高8厘米。青白玉，带黄色皮斑。跪姿，羊首微举，双目圆睁平视，长角弯曲卷于耳后，削耳后展，紧贴角旁。羊为吉祥的象征。此羊构思巧妙，刀工细致，打磨润洁，简约传神。

春秋战国时期，动物圆雕件大量减少，片状器增多，这是因为片状器方便佩带的缘故。动物的种类也大大减少，抽象的龙、虎与凤鸟成为玉雕的主题。这些玉器造型奇诡，充满想象力。龙、虎、凤鸟形象经过概括提炼逐步图案化，尤其是头部、眼睛、嘴、须的刻划变化多端，威猛而神秘。这些神化动物身上多用蟠虺纹、云纹，装饰华贵而雍容，反映了当时贵族阶层的审美取向。

汉代动物佩饰种类基本沿袭了战国时期的种类，增加的有螭虎、玉熊、辟邪等神兽。圆雕动物数量亦不多，但有大量的精品和典型器，如著名的羽人奔马、玉熊、玉鹰、玉辟邪，都是汉代治玉工艺的代表作。这些动物雕件的设计重返写实，着重描写动物矫健的身体和威严的神姿，尽显

▲玉狮（唐代），长6厘米、高4.2厘米。和田白玉，玉质细腻、油润。遍身土蚀，斑驳星列。头上单角下卷，垂耳，圆睛，宽鼻，口衔一枝灵芝。四肢雕刻火焰纹、卷毛纹，狮尾上卷，栩栩如生。工艺精湛，刀工娴熟。为典型的唐代造型和纹饰。莹润的玉质与沧桑土蚀相融相映，更显古朴。

▲虎鹿纹玉饰（辽金），长6.7厘米、宽4厘米、厚1.6厘米。和田玉质，致密莹润。表面带有桂花黄皮。器体呈扁长方形，两面纹饰不同。一面利用玉璞黄皮雕一回首蹲坐之虎和茂密的树丛。两只小鹿在丛林里奔跑。树下灵芝朵朵，一派祥和。反面浮雕一鹰立于松枝之上，两只喜鹊飞于枝头。此玉又可称为“秋山”玉，反映了北方民族秋天围猎时的山林景色。

大汉气度。在技法上，利用短阴线强化肘部，更显动物力感。游丝毛雕用细阴线刻画动物神态使之更加传神。汉八刀大刀阔斧的刀法也运用于动物雕刻。八刀蝉、八刀猪作为殓葬玉装点贵族的往生。还有汉八刀技法雕琢的玉席镇，用于贵族的起居生活。

唐宋以后，历代动物玉雕都注重写实，追求生活情趣，往往用料考究，精雕细琢，动物神态惟妙惟肖，散发着浓郁的生活气息。鸟类、牛、羊、鸡、鸭、鹅、鹰、仙鹤、狮虎、龙、蟒、鹿、马、兔、猴皆是题材。社会上喜欢用这些动物的谐音与比喻，设计吉祥佩，“玉佩皆有意，有意皆吉祥”。如马背上一猴叫马上封侯，三只羊叫三羊开泰，等等，在民间广为流传，至今生命力不绝。

▲玉狗（清代），高8厘米、宽7厘米。和田白玉。表面浅布石灰沁，下肢部受沁较重。雕刻精美，抛光极佳，呈玻璃光泽。狗为猎狗之形，肋部三刀刻画出肋骨，四肢长而壮，身形矫健，蹲坐于圆璧之上。双目炯炯，机警前望，有着浓厚的生活气息。

▲蝉纹玉管（明代），直径2.25厘米、壁厚0.4厘米、高4.75厘米。和田玉，色青白，局部黄褐色沁。圆筒状，中空，有盖。平口，直壁，壁面阴线刻回纹地，浮雕三只蝉，底平。盖底子口，边缘有三个凸棱，上各钻一孔。盖面中心凸起，琢一四瓣花朵，边缘一周打成斜凹纹。设计奇巧，磨制光润，十分精美。

玉蝉

玉蝉的出现比较早，当前能够见到最早器物是山东章丘焦家大汶口遗址发掘的玉指环上的圆雕蝉。一只蝉敛翅静伏于指环面上，5000多年前的设计，现在看来依然是那么前卫和新潮。红山文化、良渚文化、石家河文化都有圆雕的玉蝉出现，它们都有穿孔，以作佩饰之用。

先民对于蝉的热爱和崇拜来自于蝉的生活属性。它生于土中，若干年后作为成虫钻出泥土，然后脱去外壳化为展翅高飞的蝉。它只饮清露而不食，鸣声高远。因此蝉在先民心目中有两个鲜明的品质：一是育于土中，蝉蜕成形，脱壳而生，一飞冲天；二是餐风饮露，品格高洁，是清廉的化身。从新

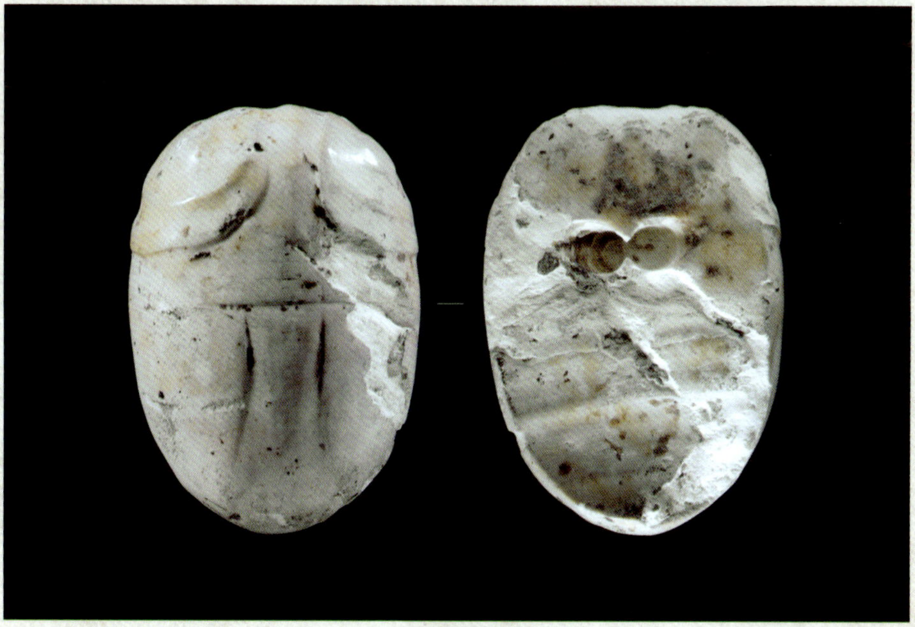

▲蝉形玉佩（良渚文化），长2.35厘米、宽1.6厘米、厚0.95厘米。玉质沁为黄白色，咬蚀较重。椭圆半球形，前端略宽，背弧凸，以凹凸的弧线勾勒出眼、翼。其中眼部呈龙首纹的展开图。腹部前高后低，有线切割痕迹，并钻有一对横向的隧孔。简约传神，厚重大气。

◀绿松石蝉形佩（商代），长2厘米、宽1.4厘米、厚0.7厘米。平面呈长方形，宽头，宽尾，头身之间以一道突棱分界。圆形突目，头端雕出尖吻，单阴线刻画出长方形双翅收拢于背后，腹部头端纵向掏挖出圆形穿孔，尾端横向掏挖出圆形穿孔。磨制精美，造型夸张，气韵生动。

◀玉佩蝉（西周），长4.6厘米、最宽3.7厘米。和田白玉，玉质油润。大部受沁，深入肌理，重处已近白化。此蝉为佩蝉，头部有对穿系孔。双阴线分开头与身，翅膀乍开，一面坡阴线刻画翅脉，生动活泼，栩栩如生，工艺精湛，刀工利落，给人以美感。

石器时代到商周春秋战国，人们对于蝉的神化与崇拜主要是因为它的品格清高。当时的玉蝉，形式从写实到抽象不等，多数有穿孔，以便人们佩带。一般来说，新石器时代玉蝉在基本写实的基础上有些变形，商周基本上是写实的。当时不但有蝉形佩，而且在玉琮上有蝉纹来装饰，青铜器上亦风行蝉纹。春秋战国时期贵族士大夫更是腰间佩蝉，以标其高洁。

到了战国后期，尤其是到了汉代，由于道家思想的影响，人们对于蝉蜕壳而生的特性赋予了神秘的色彩。道家讲再生、讲飞升，蝉是最好的载体，因此蝉成了殓葬的重要礼仪用品。玉蝉一般作为口含置于死者口中，期望死者像蝉一样不久便可蝉蜕再生。西汉早期，含蝉大盛，这时的玉蝉还是写实的为多。到了西汉末和东汉，八刀风格的玉蝉出现，专作口含之用。此类玉蝉多用上等和田白玉，或青白玉琢制，用简炼的“汉八刀”工艺琢刻出蝉的头眼胸腹双翅，刀工犀利，有手起刀落、痛快淋漓的感觉。含蝉没有穿孔。有的含蝉，头、腹、双翅高度概括简化，不做任何细节刻画，三刀雕出一个三棱形玉块，背上两刀削出一缺口，简分头与胸腹，虽高度抽象而又形神俱备，是汉玉中的精品。

魏晋以后，含蝉大量减少至绝迹。唐宋以后，尤其是明清时期又有佩蝉的复兴，它代表的形象又重新回到传统的高洁和清白。

◀蝉形玉佩（战国），长2.7厘米。玉质受沁为鸡骨白色，有青灰色结晶斑。蝉双眼突出，体形饱满，造型生动，有一纵向贯通小孔，可以系挂。

◀玉蝉（汉代），长6.5厘米、宽3.5厘米。和田白玉。典型汉八刀工艺，雕工精湛，刀法霸气，干净利落。红褐色沁，斑斓蝉身，尽显岁月之沧桑，给人美的享受。此类玉蝉皆为死者口含，寄托了汉代贵族蜕化重生之愿望。

玉鸟

鸟的形象在玉器中出现很早，从红山文化到良渚、龙山、齐家文化，玉器中都有鸟的形象。著名的红山文化玉鸮已成为红山文化代表器物之一。良渚文化中，玉琮上多次发现阴线琢刻的神鸟立于祭坛之上，兽面纹中亦有鸟的元素。龙山文化大玉璋其纹饰就是鹰。金沙遗址出土的金饰，仙鸟围绕太阳飞行，齐家文化有鸟纹的玉璧，亦有小型圆雕的玉鸟。

先民们对鸟的崇拜由来已久。鸟在先民意识中是高飞冲天，自由翱翔，能与天神对话的动物，因此不断被神化。许多部落把鸟作为图腾，称为神鸟。许多部族的神话中都把本部族说成是神鸟的后代，如东夷、少昊等。至商代，更有“天命玄鸟，降而生商”的说法，说商族的先人便是玄鸟所化，所以到商代，玉鸟作品多了起来。

◄玉鸟（齐家文化），高8.8厘米，青色地方玉，玉质莹润，局部褐色沁。鸟为玉器时代先民所信仰之神，许多部族以鸟为图腾。此鸟圆雕，身体呈“S”形，圆眼勾喙，头上卷翎高昂，身生双翼，生气勃勃，栩栩如生。此鸟构思诡异，神秘莫测，抛光细致，充分显示先民对神鸟的崇拜。

▲鹰形玉饰（西周），高10.3厘米、宽4.3厘米。玉料青绿色，局部有褐色青斑。圆雕。头上以龙为冠，龙首较大，“臣”字目。体躯短小，尾上卷，刻有鳞纹。玉鹰鼓胸作展翅状，尾下垂及地，与前爪呈“三足鼎立”状。颈部饰鳞纹，胸腹饰卷云纹。设计神秘，雕琢精湛，有很强的艺术感染力。

▲凤鸟纹玉柄形器（西周），长13.7厘米、宽3.7厘米、厚0.5厘米。青玉，粉绿色。长条形扁平体，平顶，下端为榫头状。两面均以阴线雕出一对凤鸟纹，上端凤鸟昂首前视，高冠挺拔，下端凤鸟纹回首卷尾别具情态，勾喙下钻一圆孔。典型西周一面坡刀工雕制，刀法洒脱，自然流畅，厚重大气。

商代玉鸟有圆雕亦有片雕，有写实的，亦有抽象的。玉雕中出现了超现实抽象概括的凤。商代鸟形玉饰轮廓简练，规矩严谨，线条华丽，造型生动。写实型的鸟与真实的鸟类区别不大，夸张型、抽象型的鸟则想象雄奇，构图怪异，充满神秘之感。商鸟有的头有高冠，有的作鸟首兽身，有的作兽首鸟身，巧妙结合，浑然一体。鸟身用商代特有双阴挤阳线装饰，华丽高贵。商代的玉鹦鹉勾喙、短尾，足爪粗壮，高冠巍峨，显得庄严而神圣。凤鸟的形象在商代开始出现，一般身形舒长，尖嘴圆目，凤身不用几何纹装饰，而是用双阴线勾画出鸟翅和长长蜷曲的尾翎，线条舒展流畅，显出君临天下的超凡气质。

西周玉鸟片饰多，抽象神化的凤鸟纹大量出现。一般为圆目尖喙，高冠雄视，身姿挺拔，翅尾皆用一面坡阴线装饰，舒展修长，并经常与龙纹

▲鸟形玉饰（商代），高2.4厘米、宽4厘米、厚0.5厘米。玉质莹润，呈青色。以减地法凸雕出双眼，隐起双勾阳纹刻划羽翅细部，阴线刻出尾翼，喙部对钻一孔。设计规整，极具装饰性。

▲龙凤形玉佩（西汉），长5.5厘米、宽2.8厘米、厚0.4厘米。和田白玉，边缘有褐色沁斑。片饰，镂空透雕并列卧姿龙凤。龙作回首状，口衔凤翅，曲身与凤身相缠绕。凤作昂首挺胸张口似鸣状。尾背上刻有“四丁”二字。两面纹饰相同。整器造型优美，镂刻精工，刚劲有力，线条流畅。

▲玉鸟（汉代），翅展5.4厘米、高4厘米。和田白玉，玉质坚致油润。鸟呈伏卧惊起状，圆目尖喙，游丝毛雕之工琢出鸟的羽毛与尾翎，生动而写实。遍体满布黑沁，恰如羽毛一般描绘出羽翎层次。鸟首亦黑色全沁，如神来之笔，点画此鸟更加自然，有鬼斧神工之感。

出现在一起。

春秋战国凤类的造型进一步固定。其他鸟类玉饰数量锐减，渐成凤的一统天下。战国到汉，凤纹成为玉雕的主体纹饰，也成为商周以来青铜器上的主要装饰纹。凤一般有长长的冠，尖喙圆眼，炯炯有神，羽翼飘扬，尾部长而蜷曲，足爪刚劲，近似动物腿爪。玉雕上大量出现龙凤合体的佩饰，玉璧尤其是出廓璧多雕有凤的形象。此后，龙与凤成为中国玉器中不朽的主题，装饰着中国人的生活，影响着中国人的审美追求。

值得一提的是，唐宋以来玉鸟打破了一凤独占的佩饰领域。伴随着玉的世俗化，多种鸟类出现在玉饰上。宋的玉鸟除凤外，还有孔雀、鹰、隼、鹦鹉及各种家禽。辽金元时期，东北契丹、女真人喜爱的大雁、海东青等鸟类出现在玉雕上，增添了游牧民族草原山林生活的气息。神化的凤依然是高贵的象征，只有皇家和贵族能用，现实的鸟类则装饰着平民的生活。

▲玉龙（红山文化），高26厘米、颈部孔径0.3～1厘米。墨绿色。龙体弧曲呈“C”形。吻部前噘，嘴紧闭，鼻端截平，呈椭圆形，有对称双洞，表示鼻孔，双目呈梭形，未见双耳，颈后竖起一道弯勾状长鬣，尾端呈圆尖状。器体中部略偏上有一钻孔。此为红山玉龙典型器。多出于首领巫师之墓，是中华龙重要的起源之一。磨制规整，颇具神秘威严之姿。

玉龙

龙是中华民族的图腾，中国人对龙的崇拜已有近8000年历史。龙在中国先民心中是威武、吉祥、庇佑的象征，也是先民与天、神沟通的媒介。古人认为，龙能主宰风雨，保佑风调雨顺，能载灵升天，给人们降下祥瑞。石器时代龙的形象从出现到发展完善，是古人综合许多动物特征想象而成的神物。新石器时代不同文化地域龙有不同的形象，有人面龙、猪首龙、马首龙、牛首龙等。这些形象在新石器时代末期逐渐统一为马首龙，基本形象是蛇身马首，“鳞虫之长，能幽能明，能细能巨，春分而登天，秋分而潜渊”。这一基本形象主导了新石器时代，商周以后龙的形象的完善体现了中华民族多元而统一的历史。

▲“S”形龙一对（战国），长14厘米、宽约1.2厘米、厚0.7厘米。和田白玉，玉质坚致，油润异常。铁沁，有钙化层。龙长吻卷唇，下唇弧形，较短，形成一孔，背部穿佩孔。未雕纹饰，所谓“美玉不琢”。设计奇巧，切割规整。虽无翼无足，形象却生动传神，视之如苍龙遨游于云海之间。

▲龙形玉佩（战国），长10厘米、宽3.8厘米、厚0.3厘米。一对。玉质青灰。双首同身，身体弯曲内弧，龙首两侧俯三只凤，双面阴刻卷云纹，中有一螭龙双鬃飘扬，似咬住龙身。构思巧妙，神秘莫测，琢制工整，古朴遒劲。

玉器中最早的龙的形象发现于红山文化。“C”字龙无足、无爪、无角、无鳞、无鳍，是早期形象的代表。内蒙三星塔拉出土的玉龙高26厘米，胸前挺而微翘，马首，唇紧闭，双眼呈梭形突起，背有长鬃。龙背上有一对钻孔，用于系挂。设计雄奇，琢制精湛，抛光细腻。龙体虬劲，张力十足，长鬃飞扬，生气勃勃，充分展示了先民对龙的无比崇拜。

商周时期，玉雕龙增多，形象逐渐完善而不断变化。商周玉雕龙多为片状，作为佩饰使用。龙的形象为蜷曲的蛇身，以琢制繁复的纹饰表现鳞甲。龙为长面，眼珠外凸，头部有双角，张口露齿，狞厉威严。商代玉雕龙背处出现扉牙，到西周固定为锯齿状的背，龙口上唇呈钺形，下唇如斧一般向内翻卷。商前期玉雕龙无足爪，后期到西周逐渐出现足爪，更显威武有力。商

▲龙形玉佩（战国），长14.1厘米、宽4.2厘米、厚0.8厘米。一对。青玉，局部有土黄色沁。玉质、造型、尺寸、制作均一致。器呈扁平片状，龙首回望，曲体蜷足，背部出脊，中穿孔。边廓凸起，两面满饰隐起云纹，一面粘有朱砂。工艺精到，纹锦混茫，表面抛光，优美古朴。

▲仙人骑龙佩（汉代），高4.8厘米。和田白玉，玉质莹润。其尾部受沁较重，内透朱红之沁，表层已钙化，局部形成白色皮壳。此器工艺极佳，龙为汉代典型团龙。长目卷唇，口中露齿，削竹之耳，极为罕见。前肢肌肉夸张，阴线刻出毛发，为典型游丝毛雕。包浆深厚，宝光四溢。仙人攀附于龙背之上，杏核眼，遥望前方，反映了汉人飞升成仙之追求。

周高级别青铜器，常见各种龙纹的装饰，成为当时最常见的纹饰。

春秋时期，儒家倡导“君子比德于玉”，使得贵族佩玉成风，而龙正是最好的题材。此后玉龙的设计更具装饰意味，造型以璜形器为主，两端对称雕龙首，中间盘曲雕为蟠螭纹，或隐起云纹，繁复紧密，工艺规整，抛光精良。

战国是玉龙大发展时期。战国之世，社会动荡，各国之间战争不断。这种情形反映在玉龙佩饰上，便是飞龙在天，腾云驾雾，鲜活灵动，极富张力。战国玉龙多为片状，其形弯转虬曲，表现龙的动感。身体有一弯、二弯、三弯、多弯之分，俗称“S”龙。其突出特点，龙首有角或耳，有的上唇长，下唇短且内卷，并与上唇相连形成圆孔；有的龙口大张，两个獠牙相对，下唇琢成斧形，形象凶猛。龙眼有菱形、水滴形、杏形带梢等几

▲玉珩（西汉），长17.6厘米、宽2.7～3.25厘米、厚3.4～4.5厘米。玉料青白色，坚致油润，局部黑色沁。器呈扁平半弧形，两端雕刻龙首，口镂空，角后卷上翘。身体饰勾连谷纹，上端正中有一孔，两面纹饰相同。设计规整，工艺精到，通体抛光亮润。

种。身缘出鳍状毛发以为腿。龙身用阴线或浮雕谷纹装饰。战国后期出现蒲纹，颈、尾、爪不饰谷纹而用单阴线装饰，龙体虬劲狂放，张扬奔腾。战国龙纹与凤纹结合者很多，称为龙凤佩，与螭虎合雕作品亦多见。还有的作品主题为玉龙腾飞，有仙人立于云端，表达了古人乘龙飞升的梦想。

汉代玉龙的龙身向盘形发展，龙的四足是尖爪状，头状象马，龙角似马鬃，细长如宽带。眼睛形状多种，主要是方圆形眼，椭圆长角眼，威风凛凛，非常有神。龙为长唇，呈斧钺之形。有的龙身上出现了翅羽。器皿上龙纹与风、火、螭、凤结合的新图案大量出现。

隋唐以后到明清，玉龙变化主要在于身姿，身形更长，蜿蜒游动，威武而有生气。腿部肌肉更加有力，爪如弯爪，尖锐锋利，有三爪、四爪、五爪之分。鬃毛胡须从无到有，从稀到密，背鳍逐渐丰满，由短而长，四肢出现火焰纹，身生鳞片。龙角分为单角和双角，分岔与不分岔，细目与突目并存。此时龙纹为帝王专用，其威严元素的增加，是出于加强皇权、神化帝位的政治需要。

▲螭虎食人纹玉佩（战国），高3.8厘米、宽6.2厘米、厚0.4厘米。玉质青色，有白色雾状沁，器表残存朱砂痕迹，双面雕。器中部镂雕一螭虎，身躯卷曲呈环状。口咬一赤裸的女人，右爪抓住人的手臂，左爪抓住人的左腿。躯体两旁透雕两个带有飞翼的神人，神态祥和，肩生羽翅。设计奇诡，雕刻精美，非常神秘和具有威慑力。

▲螭纹玉韘（汉代），长4.8厘米、宽4.4厘米、孔径1.7厘米、厚1.8厘米。玉质黄白色，局部受沁白化。佩饰主体作韘形，一面浮雕一条向上攀爬的螭龙，螭首从佩饰的背部绕出，伸向右上侧；螭的躯干及另一后肢隐藏在佩饰背部，似乎在云中穿梭，若隐若现；佩饰表面以单阴线雕出云气纹。平立结合，层次清晰，完美地衬托出螭的动态美感，更具有艺术感染力。

▲螭纹梅花杯（明代），长12厘米、宽7.2厘米、高5厘米。和田白玉，玉质致密，光洁油润。一朵硕大梅花作杯，杯内阴刻花叶纹。一枝老梅，枝条虬劲蟠曲，三两梅花与花骨朵点缀于老干之上，疏朗有致。一侧雕一螭龙，四肢有力，长尾蜷曲，极具动感。局部有微沁。明代玉雕精品，极具收藏价值。

▲螭纹洗（明代），直径10厘米、高5厘米。和田白玉，玉质细腻坚致，抛光精细，温润异常，宝光内蕴。器身雕五条螭龙，攀爬于洗身之上。螭龙方首，削竹耳，突目圆睁，身形矫健，四肢虬劲，栩栩如生。洗内掏膛干净利落，绺裂之处有褐色沁。此器设计奇巧，雕工精致，实为明代玉雕之精品。

玉螭

“螭为龙生九子之一”，“无角曰螭”。螭纹在玉雕作品中最早出现在春秋时期，繁于战国，盛于两汉。春秋战国时期，螭的造型特点是身长似蛇，盘曲挺拔，充满生气。螭身有二足、三足、四足之分，尾饰束丝纹。螭首有两种：一种圆脸无身；一种长脸有耳，嘴鼻狭窄。这一时期的韘及圆璧形佩多雕螭纹，并出现一首多身螭纹。双身螭多方脸瘦吻，身体长盘虬劲，四肢健壮，脚踩长尾。这种螭纹在汉代鸡心佩上亦有传承。西汉时期，螭纹造型变化很大，身形若走兽，四肢肌肉发达，肘部强劲。螭头如虎，方面短吻，尾细长，多用绞丝纹装饰，形象上更凶猛，更矫健，更有张力，所以习惯上也称其为螭虎。

汉代螭纹造型，基本上是头型短而宽（方面），眼睛位置靠前，两腮

▲龙柄葵花形玉杯（宋代），高7.3厘米、口径14厘米、足径7厘米。玉质白色，有褐色沁斑。整体呈六瓣葵花形，口沿外撇。杯侧圆雕一螭龙为器柄，前肢攀附于杯沿，龙身瘦长，眼细窄，三爪，独角，长尾。外壁口沿及足沿处阴刻三角纹及几何纹带，腹部在锦地开光内浮雕夔凤纹。器形较大，雕琢细腻，锦纹华贵，十分难得。

◀双螭纹玉璧（明代），直径6.3厘米、厚1.1厘米。玉质白色，莹润亮泽。圆形，中间有一孔。浮雕双螭纹。双螭呈爬行状，毛发长长往后飘拂，独角，虾米眼，后腿饰密集毛纹，尾卷曲叠压于腿下，为典型明代螭纹风格。

内收，面部下半段收窄，两眼角到嘴呈凸棒型。螭纹在汉代类型较多，在其基本形状基础上，有的学者将其分为七类：一类，虎面突出，方圆耳，无角，尾饰束丝纹；二类，方面、方圆耳、有角；三类，虎面、无角、耷耳；四类，有角、耷耳；五类，打洼工艺做成圆耳；六类，螭身出现羽翼；七类，母子螭相对，大螭盯住小螭，又可称为母螭教子。

汉代螭纹多装饰于剑饰之上，有浅浮雕和高浮雕两种，设计多奇巧，雕刻工艺精湛。另外，螭纹大量装饰于鸡心佩上，装饰于出廓璧上，装饰于日常用具上，装饰于带钩印章上，皆显高贵，成为龙凤纹之外最常用的纹饰。

汉以后各代，螭纹都是宫廷用玉和民间用玉的主要纹饰，但皆不复两汉的辉煌。螭的身姿、神态、脚爪再也没有了两汉的力度与张扬，仅具装饰之用。

▲白玉摩羯鱼花插（清代），高26.7厘米。和田白玉，坚密莹润。鱼身纵向，其头形如龙，长鼻上卷，双目炯炯。背鳍有翼，双面饰鱼鳞纹，凸雕云纹，饰圆珠于云端，阴刻水纹，巧雕聚成海水波涛。摩羯鱼（梵名Makara），实为鲸鱼，它为救佛教徒往返大海，托送至彼岸，最终以其自身肉体供人餐食。在佛教经典中以摩羯鱼来比喻菩萨爱念众生，终不放弃。

◀鱼形玉佩（商代），长5.2厘米、宽1.6厘米、厚0.4厘米。绿色，微沁，双面雕，形体逼真。吻部斜伸向前下方并略上挑，尾宽大斜向后下方，圆睛，头部对钻一圆孔。工艺精到，刀工洒脱。

◀绿松石蛙形佩（商代），长1.7厘米、宽1.53厘米、厚0.4～0.51厘米。伏卧姿态，体形肥圆，头部窄小。尖圆吻，圆目，上肢前伸，双足位于头部两侧，每足分四蹼，圆腹，下肢曲伏，由头至臀纵向贯穿一圆孔。构思巧妙，磨制精良。其圆鼓的腹部暗示超常的繁殖能力。为先民所崇拜。

玉鱼和玉蛙

鱼是先民们最早用于佩饰的动物之一。鱼是先民捕猎的对象。先民们认为大鱼有着神秘的通灵力量，神话传说中，有鱼化为龙，鱼负大地的说法。同时，鱼产多子，先民非常崇拜鱼的生殖能力，视鱼为神，祈求本部落人丁兴旺。新石器时代，龙山文化、齐家文化都有玉雕鱼的饰品，商代玉器中出现了大量玉鱼。其形多是长条片状，有的弯曲，全身写实性分为头、身、尾三部分。头部嘴前凸，前端宽平，有的是“T”形，鱼目多为环形阴线雕成，头与身有一条阴线区分。鳍的雕刻很简单，多在鱼身上部和下部刻倾斜的水平阴线。鱼身一般光素，有的有鳞纹装饰，鱼尾似燕尾，端部两分上下。有的玉鱼尾端为长榫，状似刻刀，这种佩鱼应兼作工具之用。玉鱼一般在头部有一孔，用作穿绳佩戴。西周时期出土玉鱼数量较多，形态各异，但基本形状如商代。有的玉鱼作为棺木的装饰，即所谓“鱼跃拂池”，灵魂得以超度，反映了先民们对生死的哲学思考。

汉代出土玉鱼较少。唐宋以后，世俗中因“鱼”与“余”同音，赋予

▲鱼形玉佩（商代），长6.8厘米、宽1.2～1.5厘米、厚0.2厘米。玉料淡青色。双面雕，鱼尾分叉平直。头部对钻一圆孔。商代玉鱼形象经过抽象概括，形态各异，工艺精良。

▲衔莲玉鱼（宋代），长5.3厘米、宽3.7厘米。玉质白色。透雕。鱼身细长，头部较小，圆眼，半圆形腮，背及腹出鳍，尾上翘呈扇形。设计奇巧，鱼身旁水草叶梗巧妙地经鱼身盘成一环，并绕到头部，可供系挂用。

了鱼吉祥的特性，玉鱼的种类多了起来。唐代有贵族官吏佩鱼之制，后流传到辽金时期。金代，有“亲王佩玉鱼，一品至四品佩金鱼，以下佩银鱼”的规定，民间亦有佩鱼或鱼形摆件。此时鱼的雕刻趋向写实，构图更加精准，形态活泼，有的鱼与荷叶相衬托，非常华丽。唐代以后，玉器中出现了摩羯鱼，这是佛教中的神物。传说如来佛祖化为大鱼，龙首鱼身，舍自己身上的肉供人食用。人们为了获得佛祖保佑而佩带摩羯鱼玉佩。

明清时期，玉鱼作品多与“年年有余”结合了起来，鳜鱼、鲤鱼、鲶鱼皆为题材，渐无古朴之意，反多生活情趣。

玉蛙在新石器各种文化类型中多有出现。先民对蛙的崇拜早期是因为蛙超强的生殖能力。到了隋唐以后，蛙在人们心目中是丰收的象征。蛙能吞食害虫，保护五谷丰登，正所谓“稻花香里说丰年，听取蛙声一片”。宋之后，蛙的形象则从丰收演进到财富，出现了神化的金蟾，三条腿，善积财，能够保佑人们生意兴隆，日进斗金。蛙的形象的发展变化，说明了神化的蛙已逐渐世俗化，开始进入人们的日常生活。

◀玉蛙（商代），长2厘米、宽1.5厘米、高1.1厘米。玉质青绿色，有少许水沁及土沁。圆雕一蹲伏之蛙，圆眼外凸，张口。通体光素无纹。此器小巧，但形神兼备，是商代圆雕玉器的典型代表。

▲玉人三件（汉代），大者高7厘米、宽3.7厘米；中者高6.4厘米、宽3.6厘米；小者高4.6厘米、宽4厘米。和田白玉质。秋葵色，有褐色沁。三者均为跪坐姿。大者与中者似为捧物或驾车。单线橄榄形眼，长鼻，小嘴，长发高盘。小者一手握拳于前胸，一手抚于膝部作侃侃而谈之姿。其衣着打扮使我们得窥汉人之威仪。

玉雕人物

人物玉雕自玉器出现开始便是先民雕刻的重要题材。在石器时代，人们用玉刻出人的形象源于浓厚的宗教意识，表达了对英雄及神灵的崇拜。进入阶级社会后，玉雕作品中出现了现实生活中形形色色的人像，或神仙，或贵族，或官吏，或奴隶，或舞伎，或童子，或老人，反映了玉器人像逐渐世俗化。

我国最早的玉雕人像发现于距今5000多年的四川大溪文化遗址。片状人面，正面雕出人的五官，圆圈眼，直鼻，磨制较精。陕西新华文化出土的一件片状侧面人头雕像，双面雕，高髻，圆脸，橄榄形大眼，脸颊上钻一圆孔，便于系挂，形象传神。此外，在安徽凌家滩也出土了片状站立人像和人面像。

商周以后，人物玉雕渐多，有片状，有立体，有全身，有人面，有侧身，有正面。安阳妇好墓出土人物玉雕10余件，玉人或跪或蹲，身份不同，衣服发冠皆不同。一般为高颧骨，大眼睛，有明显的蒙古人特点。江西新干县商墓中曾出土一件玉羽人，蹲踞状，大眼鹰鼻，峨冠，束衣，肋下腿胫生毛，反映了先民成仙飞升的美好梦想。西周人像以片状为主，更加写实。眼睛在商代的“臣”字眼基础上，变化为眼梢长出眼框并稍微勾卷，眉毛刻有小短阴线，纹饰布局规整，流畅自然，用西周典型的一面坡阴线装饰。

春秋战国时期的玉人佩上承西周风格，但发型装饰更加细腻，写实入微，成为研究当时衣饰的重要资料。玉人衣服上纹饰雕刻精湛，出现并流行网格纹，亦称席纹装饰，五官较前更清秀，气质高贵。

汉代玉器善用阴线，线条精细，有时奔放，刀法粗犷；有时委婉，行

◀玉人（红山文化），高18.5厘米、体宽4.5厘米、厚2.4厘米。玉料淡绿，后背有红褐色沁斑。整体圆雕，玉人立姿，硕头，斜肩，细腰，阔臀，双腿并立。前额有发髻，面部圆润，五官清晰，双臂曲肘扶于胸前，十指张开。颈的左右两侧及颈后钻三小孔呈三通状。构思奇诡，琢制规整，刀工利落，抛光细致，非常罕见。

◀跽坐人（商代），高7厘米。玉料黄褐色，圆雕。跽坐，双手抚膝，“臣”字眼，大鼻小嘴。头梳长辫一条，戴圆箍形冠，头顶露发丝，上有左右对穿的小孔。身着交领衣，腰束宽带。腰左侧佩一宽柄器，器的上端作卷云形，下端弯曲成蛇头形。工艺精制，雕琢规整，光洁润泽，人像表情神秘，具有很高的工艺价值。

▲玉人两件（汉代），高5厘米、宽1.7厘米。和田白玉，玉质莹润，玻璃光泽。玉人带官帽，宽衣阔袖，两手抄于胸前，作伫立状。单线橄榄眼，脸腮部减地下凹，突出三角形鼻。单线刻画嘴部，细线刻出眉毛，非常生动。雕琢精致，刀工利落。一有轻微土沁，一有较重水银沁，为十分难得之精品。

云流水。汉代人像玉雕常见的有翁仲和舞人。翁仲是传统中的秦代力士，为正义之化身，在汉演化为辟邪神人。翁仲有大有小，大者6~8厘米，小者2~3厘米，多用汉八刀工艺，凸显威猛与张力。汉代舞人承继战国而来，片雕多于圆雕，均有穿孔，作为佩饰或组佩中的小件。战国玉舞人精细，汉代玉舞人粗放，皆刻画女性形象。战国玉舞人头发五官皆雕刻精美，头发整齐，长发披肩，丝丝不乱，面相俊雅。衣服是宽袍广袖，穿着可体，随身舒展。袖口领口以及飘带刻画精细，装饰华丽。身姿苗条秀

◀人形玉佩（西汉），高5.8厘米、宽3.2厘米、厚0.2～1.1厘米。青玉质，沁为淡黄褐色。器呈扁圆形，中间厚，两边薄。玉人头戴向右侧外伸下垂的冠帽，脑后阴线刻发丝压于冠下。脸部用阴线刻出五官。身着交领宽袖着地长袍。腰系一串玉佩饰。背面双足下有圆孔可用于插嵌。整件器物琢线细密流畅，人物刻划形神兼备，非常珍贵。

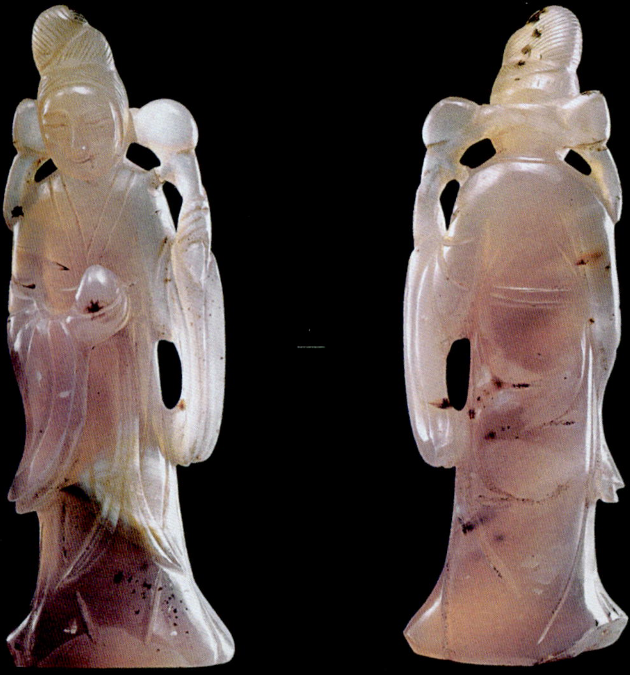

◀玛瑙捧桃仙女（清代），高15.7厘米、宽5.2厘米、厚3.8厘米。玛瑙淡紫色，亮泽，局部褐色沁，圆雕。仙女站姿，高髻，团脸，右手捧一仙桃于胸前，左手举持一桃枝于肩上脑后，上有仙桃两颗，左右各一。身穿交领宽袖著地长袍，腰间系带垂于腹下。刀工洒脱，磨制精到，气韵生动，栩栩如生。

丽，旋舞旖旎，神形皆备。而汉代玉舞人不重头发与首饰，多用长袖上举而遮住头顶，眉目雕刻只是简单的阴线，粗粗勾出眉眼鼻唇，表情木然。衣饰亦雕琢简单，长袖皆作直筒，动作比战国玉舞人夸张，扭动幅度大。总体粗线条，粗轮廓，感觉朴实，单纯简洁，但失去了生动华美优雅。

唐代玉器中的人物形象有两种是首创。一是佛教题材的飞天，刻画仙女遨游于空中，云朵衬托，身披彩带，衣袂飘飘，手抱花果，神情怡然。飞天人物玉雕表现了唐代佛教文化对玉雕的影响。二是胡人造型，多为乐舞形象，或盘腿而坐，或欣然起舞，或击鼓弹琴。胡人多突目，高鼻，大口，发型卷曲，短靴长衣。胡人献宝亦是当时玉带板上常见形象，反映了唐朝的开放与繁荣。宋代玉雕人物突出的是童子。大多为中式衣饰，手执荷花，大脑壳，八字眉，直鼻，小嘴，衣服朴素，关节处用几道阴线表示动感。元代玉人，特点是眼睛用阴线刻出轮廓，再刻画出眼珠，更为传神。玉人鼻子上尖下宽，衣饰以蒙古服装为主，短裙窄袖马靴，衣褶线条粗而深。

明代玉人以老翁儿童为多，大都取材于戏剧民间故事，含吉祥之意。其人物特点，蒜头鼻，大而粗，眼睛开始刻画眼珠，多用阴线表示，嘴为大弧线，嘴角上翘，喜庆吉祥。明代圆雕玉人为多，服饰中式，刀法有力。清代玉雕人物题材更多，多圆雕。老翁童子外又有仕女、士子、官吏、传统中神话人物，特点是五官紧凑集中，俗称“一把抓”，但面部五官雕刻较前代更为立体，更为写实。

▲辟邪兽（汉代），长10厘米、高4.5厘米。和田白玉，铁锈黑沁，布遍全身。其黑沁深入肌理，古意盎然。雕刻手法写实，此兽昂首怒目，回首长嘶，霸气外露。身形矮健，四肢健壮，虎爪抓地，似怒而扑食，极富动感。刀法粗犷有力，汉代玉雕巅峰之作。

玉辟邪

玉能辟邪禳灾，此说来源于新石器时代巫师文化，几千年来深入中国人心中。商周使用玉器辟邪多与巫师文化联系在一起，有些龙虎与猛兽作品兼有辟邪之功。汉代使用玉器辟邪得到大的发展，出现专门辟邪的玉器。首先是兽形辟邪的出现。辟邪神兽来源于战国以来的神话，《山海经》及其他先秦典籍中有很多名字和形象皆不相同的神兽，它们凶猛威严，獠牙利爪，伸张正义，灭杀妖魔，保护良善和弱小。这些神兽中流传最广的是天禄和辟邪，双角为天禄，独角为辟邪。这种神兽的形象是人们集中了虎豹狮熊等猛兽的特点所创造出来的。一般是狮首虎身，身形矫捷而健壮，四肢虬劲，尖爪如钩。其身生羽翼，长鬃戟张，怒目圆睁，挺胸昂首，神态威猛，有降魔除妖之气势。这些辟邪小者佩于身，大者陈于案，为贵族之家辟邪驱灾所必备。

汉代佩饰中辟邪玉件有著名的辟邪三宝。第一是刚卯和严卯。其形为方形柱体，长2～3厘米，断面方形，边长1厘米左右，上下一眼贯通，作穿组佩戴之用。其四面均刻有文字，皆为每面两行。其文字皆大大简化，有的仅写个偏旁，较难辨认。刚卯刻34字，其文曰："正月刚卯既央，灵殳四方。赤青白黄，四色是当。帝令祝融，以教夔龙。疫蠖刚瘅，莫我敢当。"严卯32字，其文曰："疾日严卯，帝令夔化，慎玺固伏，化兹灵殳。既正既直，既觚既方，赤疫刚瘅，莫我敢当。"刚卯和严卯上的文字，反映了汉代人相信天帝和四方神灵可以祛病除魔，使人化凶为吉的宗教思想，使人对鬼魅病疾由恐惧而转为战胜之，去除之。当时刚卯和严卯就成为社会上最风行的驱鬼逐疾的吉祥玉器。第二是翁仲，翁仲为传说中秦国的大力士，其身魁梧，力大无穷，嫉恶如仇，主持正义，除暴安良。

▲玉翁仲（西汉），高6.5厘米、宽1.7厘米。白玛瑙质。雕一慈眉善目的老者，峨冠而广袍，双手叉于胸前，状甚安祥。后背有一绺裂，内沁硃砂，其红色隐约可见，益增神秘与通灵之气，诚为翁仲神品。

▲玉翁仲（汉代），高4厘米。玉质青色，有褐色沁斑。圆雕，呈直立状。高冠，长脸，束腰，曳地长衫。双目、嘴及腰和裙边以深阴刻线雕刻而成，有“汉八刀”风韵。腰部有一通透横穿孔。磨制规整，抛光细腻。

◀玉司南佩（汉代），高3.4厘米、宽1.8厘米、厚0.9厘米。玉质白色，局部有微沁。工字型联体柱，上方有一勺形，下端出短柱，中部有横贯穿孔。司南佩是汉代出现的一种新器型。因顶端多置一勺形，如司南圆盘上之勺，故常称其为“司南佩”。司南佩多出于王侯贵族墓中，基本为白玉，玉质较好。佩戴于身，有厌胜辟邪之意。

但在玉器上的形象多为一慈祥老者，单阴线简单刻出眼、嘴，美髯下垂，长身长袍，拱手而立。玉翁仲多用白玉雕制，有大有小，大者长5～6厘米，小者2～3厘米。玉翁仲头首上部钻有一孔，以便佩戴。第三是司南佩。这是汉代新创的器形，长扁方形，上下两节，中有腰。顶端置一勺形，如地理盘上之勺，故名“司南佩”。司南佩多为白玉，温润晶莹。汉时盛卜筮之术，尤其是两汉之交，官员升迁、离任都借司南测向之功能来占卜，人们遂认为司南有辟邪厌胜的威力，官员多有佩戴。

◀玉辟邪（东汉），残高18.5厘米、长18厘米、宽6.7厘米。青玉，有黑沁。圆雕。辟邪昂首挺胸，隆鼻鼓目，双耳后耸，作张口怒吼状。颌下有长髯，与胸肌相连。额后有一长方体榫座，背上琢出圆筒状孔，并与脑后一束长发相连。辟邪肩生双翼，后腿上也雕有羽毛。刀工老辣，造型丰满。神态凶猛，庄重威严。

◀玉双卯(东汉)，高2.2厘米，和田白玉，玉质致密润泽。方柱形，上下贯通一孔。便于配饰，此为一刚卯，一严卯。每面均刻有厌胜降魔的咒语。在汉代为重要辟邪之佩。

▲玉罍（西周），高6.2厘米。玉色深绿，晶莹润泽。罍为圆雕。小口，圆肩、鼓腹，无底，内壁有砣磨棱面。肩部饰阴线凤纹，上腹饰浮雕涡纹，间以四瓣目纹，仿自青铜器。

日用玉器

日常生活用玉自开始出现就与财富和地位联系在一起。石器时代各文化类型的考古发现说明，部落酋长、贵族、巫师拥有生活用玉的权利，他们的墓葬中摆放了大量的玉质生活用品，如玉雕佩饰和玉雕器皿。良渚文化发现有玉带钩，临朐龙山大墓发现精美玉簪、小玉刀等等。到了商代奴隶制社会，玉制器皿专属于统治阶级所用，妇好墓出土的大型玉簋、玉盘、玉豆、玉臼、玉杵、玉调色盘、玉梳等即为明证。到了周代，除继承了商代的生活用玉外，又出现了新的器型，有瓒、罍、匜等。在周代等级

▲玉卮（西汉），高13厘米、口径7.9厘米、底径7.4厘米、壁厚0.3厘米、足高1.2厘米。和田玉质，青白色，有黄沁。卮体呈圆筒形，直口，平底，三矮兽首形足。正面饰高浮雕朱雀踏虎衔活环，其双足直立于虎背，两侧羽翼层层舒卷。螭虎作侧首伏卧状，张口露齿似在怒吼。卮身下部两侧饰浮雕变形凤鸟纹。一侧为环形扳手，浮雕一熊，直立侧身盘附于其上。卮体遍饰“T”字变形卷云纹和勾连卷云纹。此器造型优美，构图奇妙，工艺精湛，堪为珍品。

森严的宗法制度中它们是作为礼器来使用。战国时期，多国林立，诸侯僭制，为满足国君与贵族奢华生活的需要，玉制生活用品制作多了起来。除前代器形的继承外，还新出现玉带钩、玉镜架、玉耳杯、玉灯以及大量的镶嵌玉件。

帝王与贵族生活中大量应用玉质器皿是汉代玉器发展到高峰的标志，亦是一个空前的特殊现象。汉代西域的凿通，大量和田美玉运入内地，使玉文化发展具备了坚实的物质基础。帝王的重视、道家思想中对玉器的神化都使玉成为整个国家的精神文化追求。生活用器和观赏陈设器多姿多彩，使中国玉器实现五大品种的完备。另外三大品种是传统的生产工具、装饰品和礼仪器。

汉代日常用器中的葬玉我们后面再讲。汉代出现的新品种还有玉卮、玉杯、玉壶、玉碗、玉樽、玉耳杯、玉水丞、玉盆、玉镜、玉屏风、玉杖首等，观赏陈设器有豹、熊、辟邪瑞兽等。

汉以后，特别是唐及以后，玉质生活器皿基本固定为上述器皿，只是形态与花纹有与时俱进的变化而已。玉带钩是汉代玉器中的大宗，延续了战国带钩的风格，但又有一些变化。一是兽头钩增多。做工简练，腹大而圆，几道粗阴线雕琢出兽头。因其贵为王侯贵族所用，雕刻极其精美。二是螭纹带钩增多。三是细长状钩身增多，长度一般达到15厘米以上，工艺上多用龙首作钩首，钩身弧度较为平直。钩钮多椭圆形，亦有方形，通体雕刻纹饰，常见有勾云纹、卷云纹和浮雕蟠螭纹。四是多节玉带钩出现，用金属串并一起，体型硕大。还有的青铜带钩上镶嵌美玉，美仑美奂。

玉屏是装饰性陈设品，汉代盛行。一般由四块镂雕玉片组成，两侧两块为插座，座上插玉屏两片。玉屏内容多为神话故事，如西王母、东王公

▲玉带钩（西汉），长17.8厘米、宽1.4厘米、高2.7厘米。和田青白玉，局部褐色沁。扁圆长体，小螭弯曲作钩首，兽首两侧饰阴线卷云纹。大螭头扁平，双角弯钩平贴，中饰双叶纹。钩体遍饰勾连谷纹。背面纽面阴线刻一矩形和三只卷云纹。此器形制规整，琢磨精细，具有很高工艺水平。

等。装饰花纹有青龙、白虎、朱雀、玄武四灵或螭纹。明清两代玉屏框架用高端红木，玉屏纳于其中。明代多雕山水人物，清代多雕吉祥语，诗词。清代乾隆年间，由于乾隆帝的喜爱，宫中造办处精作玉插屏较多，上面刻有山水，还有乾隆帝的御制诗，十分珍贵。

玉镇。汉代席地而坐，席的四角要压镇。汉代席镇，青铜质地者最多，档次高的有青铜嵌金嵌银，还有的镶嵌各种宝石，光彩灼目，亦有通体鎏金者。考古发现玉镇较少，级别极高，在公私博物馆很难见到全套四个玉镇者。玉镇多是神兽动物形象，圆雕形神兼备，极为珍贵。

玉杯。汉代酒器，形状似圆柱。上部略粗于下部，有的光素无纹，有的装饰有乳钉纹、谷纹、弦纹，还有的装饰有螭纹、凤纹，是高等级贵族

▲玉鸠杖首（汉代），长9.3厘米、高3.6厘米。和田羊脂白玉，致密莹润。汉代老人七十岁“德高于乡里者”由地方官上报中央，授于鸠杖，享有政治上的特权和经济上的照顾。此器刀法硬朗，线条流畅，气韵生动。底部有圆形沟槽为卯，鸟背有一孔作固定杖身之用，乃当时实用之物。

所用。

羽觞。亦称玉耳杯，战国时已有此器形。多为船形，两侧有长条弧状耳便于手执。有的光素无纹，有的刻有阴线纹饰，多用卷云纹、勾连云纹。还有的耳杯耳柄口沿鎏金，亦有用纯金纯银作耳者，工艺精美，争奇斗艳。海昏侯墓曾出土了两件玉耳杯，使大家对玉耳杯有了进一步了解。

玉杯在汉以后各代较为常用而多见，后代装饰上出现龙形柄。明以后玉杯种类繁多，出现花卉形、荷叶形杯。玉杯与玉洗，在明清时期百花齐放，用料精良，装饰极尽工巧之能事，非常美观大方。

玉杖首。杖首即老人所用拐杖之首。西周时便有给80岁老人授杖的习俗，以示尊老。汉初亦行80授杖之礼，汉成帝时定为70岁。每年由地方

▲玉炉顶（辽代），底部直径5厘米、高5.5厘米。和田白玉，油润致密。刻画一龙盘于花丛之中，龙首高昂，张嘴露齿，头顶双角，长鬃飘拂。底部长圆形，钻有四孔，以作固定之用。此器明代称其为炉顶，实际元代为帽顶，缝缀于北方民族皮毛冬帽之上作为装饰。

▲玉席镇一对（汉代），长6.5厘米、宽5厘米、高3.3厘米。和田黄玉，玉质油润致密，沁色深入肌理，粉紫外吐，十分美丽。汉代之人，席地而坐卧，此席镇便为压展衾席之用。圆雕两只瑞兽，刀法潇洒有力。和田黄玉材料极少，今已很少觅得，更增加了此玉镇之珍贵。

官上报当地70岁以上、德行高洁的老人，接受朝廷授杖，当时称为“鸠杖”，盖用鸠鸟作杖首也。据《史记》称，之所以用鸠，是因为鸠为传说中的噎不死之鸟，取其意以祝福老人健康。日照汉墓曾出土木质鸠鸟杖首。杖首用玉鸠当为很高级别，实际上在汉代出土玉杖首中还有龙首、羊首、马首者。

需要说明的是，宋以后出现大型玉礼器的仿古热潮，鼎、彝、觥、簋、瓶、尊、卮都用上等美玉仿制。宋代仿品市场难得一见，明代仿古器多藏于宫廷。清乾隆朝由于乾隆帝的喜好，宫廷玉作与苏州、扬州的玉雕作坊均仿制了大量古器精品。这些仿古玉器选料精良，设计规整，工艺精美，形神兼备，鬼斧神工，至今依然是人们追捧的高档藏品。

▲玉覆面（西汉），长约26厘米、宽24厘米、厚0.45厘米。钙化为灰褐色。整个面具由额片、印堂片、颊片、颊中片、唇片、耳片和鼻罩等十八件组成。磨制精美，虽受沁较为严重，局部仍可见玻璃光泽。

葬玉

中国新石器时代的先民就有殓葬用玉的习惯，这从各地域文化墓葬发掘中都可以见到。崧泽文化中发现的圆形玉饼含葬，是最早的非实用器而具有意识形态作用的葬玉。新石器时代的殓葬用玉，一是代表财富，二是作为灵魂升天的导引而陪葬的。部落首领的地位越高，其墓葬中的陪葬玉器越多。良渚反山大墓中陪葬玉器达647件之多，显示了墓主地位的尊贵与富有。陪葬品中的玉琮和玉璧，一般认为是引导墓主灵魂升天之用。用玉陪葬的风俗到商周得到进一步发展，如妇好墓中出土玉器达735件之多，且雕琢精美，属于墓主人日常使用之品。到了春秋战国时期，人们认为玉可使尸体不朽，灵魂不灭。因此葬玉中除了日常佩饰和日常用玉外，专门的葬玉出现了。战国时玉覆面较多。那是在丝织品上缀上雕琢花纹的象形玉片，作为眉目鼻嘴腮复盖在逝者的面部。同时在死者口内含入猪牛鸡犬等小型玉雕动物，有的可含多个，曾侯乙墓出土小型动物玉含21件。死者手中有玉握，多为勒子型玉柱。战国的后期出现了九窍塞，用玉柱型体塞入死者耳、鼻、口和排泄孔之中，以求尸身的不朽。

汉代葬玉之制更加完备。朝廷对天子王侯贵族葬玉做出严格规定，等级森严，不可僭越。王侯贵族入葬经朝廷批准可用玉匣，亦称玉衣。玉匣由切割打磨精制的玉片连缀而成，因使用金缕、银缕、丝缕而分为三个等级。玉衣分为头部、上衣、裤、手套、足套五个部分，每部分由若干玉片串成。逝者穿着玉衣，背部垫有一排玉璧，胸腹部亦复盖一层玉璧，头上枕着制作精美的玉枕，手中握有玉握。汉代玉握一般是玉猪或玉璜，代表着财富。逝者的口中含有玉蝉，九窍有玉器填塞或复盖。棺材外面镶嵌大量的玉璧或玉片，称为玉棺。级别高者棺材全部为玉片嵌满。棺内有逝者

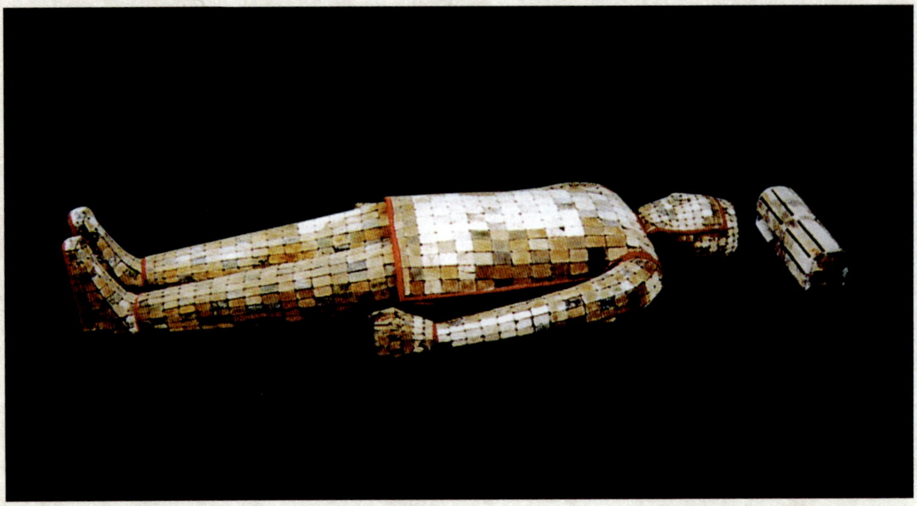

▲银缕玉衣（东汉），长188厘米、肩宽59厘米、厚25厘米。玉质莹润有沁斑。玉衣又称玉匣。人形，出土时有完整玉覆面和一只玉鞋。共用大小不等、形状不同的玉片2464块。玉片四角有孔，供系银线之用。玉片均经磨制，做工细腻。玉衣是汉代人玉敛葬的极品，他们相信穿着玉衣便可尸身不朽，灵魂升天。

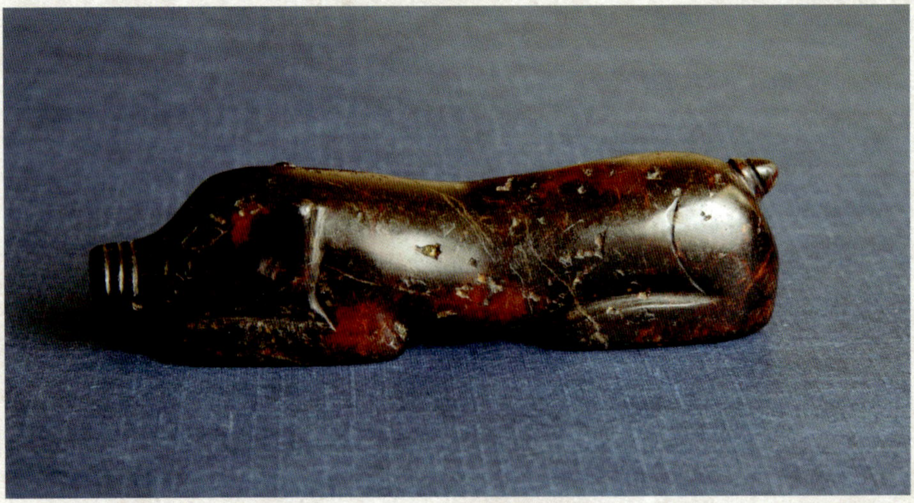

▲玉猪握（西汉），长8.2厘米、高2.2厘米。遍身黑沁，右下部开窗，可见玉质细腻，硃砂沁透，红如凝血，精光内蕴。玉猪在战汉时期既是财富的象征，可佩挂，亦是玉敛葬用品，作为财富带往来世。此玉猪握近乎写实，当为西汉早期之物。

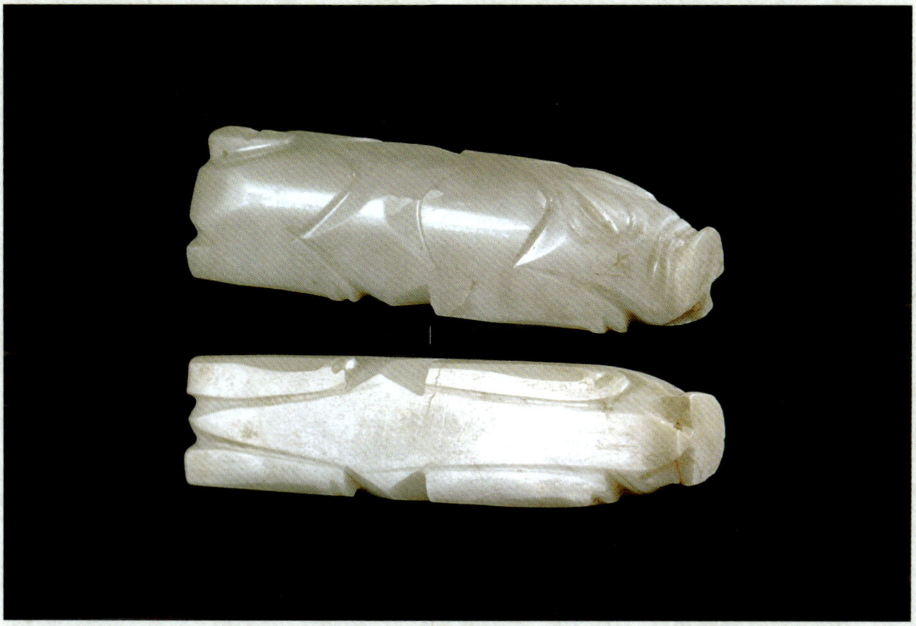

▲玉猪（东汉），长10.8厘米、宽2.2厘米、高2.8厘米。和田白玉，光洁致密。玉猪呈方体平卧状，汉八刀工艺，以细阴线刻出三角形眼，以斜刀刻出玉猪的四肢和双耳，粗阴线琢出腿部，头部拱鼻翘起，无鼻孔。直身方臀，尾部和颌下各横穿一孔。

日常佩带的玉印、玉剑及玉佩随葬。汉代“视死如生”，盛行厚葬。除了大量的青铜、漆木、礼器、乐器、兵器外，大量的日用玉器如玉耳杯玉樽也陪葬于地下。他们相信玉器可使尸身万年不腐，死去的灵魂可以继续享受奢侈的生活和生前的荣华富贵。

玉衣的制作极尽奢华。上等的金缕玉衣，用和田玉制成。中山靖王刘胜的玉衣用玉2498片，这些玉片磨制精湛，抛光细腻，金缕即重1100多克。手握的玉猪口含的玉蝉皆选料考究。玉猪、玉蝉西汉初期雕琢较为写实。西汉后期和东汉时期，玉猪、玉蝉皆使用汉八刀工艺，刀法犀利，简

◀玉含蝉（汉代），长6.1厘米、宽3厘米、高0.6厘米。玉质白色，致密润泽，表面有铁褐色沁。蝉体呈片状，中部略厚。汉八刀工艺，雕琢极其简练，嘴前伸，两眼外凸，翅尾尖。但在蝉翅上极细阴刻线雕琢出翅脉，颈部亦有细阴线装饰。玉蝉放于死者口中，以求似蝉般蜕壳再生，羽化升仙。

◀玉蝉（汉代），长4.7厘米、宽2.6厘米。和田白玉，玉质致密，无沁。汉八刀工艺，刀法霸气精准，寥寥数刀，高度概括地雕出玉蝉形象。尤其是靠近头部削下一刀，蝉身与蝉首跃然而出，十分精彩。是汉代玉雕工艺的杰出代表。

洁有力，生动传神，成为汉玉的代表作品。

战汉时期殓葬用璧量大而精美，一是玉棺上镶嵌玉璧，二是死者身下铺有玉璧，身上盖有玉璧。葬璧的功能是沟通天地，帮助逝者的灵魂进入天堂。因此葬璧多用青黛色玉料，并刻有龙或凤的花纹，以区别于作为财富和馈礼的玉璧。作为财富和馈礼的玉璧大都为和田优质白玉雕琢。花纹多为谷纹、勾连谷纹、蒲纹、乳丁纹，琢制规整，刀工精湛，抛光温润。葬璧直径在10多厘米至30厘米不等，多数为20厘米左右，大者可达40多厘米。这种雕刻龙凤纹的玉璧一般璧面用绳纹分区，外面一区阴刻龙纹或凤纹，内区刻蒲纹。大型珍贵的葬璧，有分成三个区的，最靠近圆孔的一区亦刻有龙纹或凤纹。战汉葬璧上的夔龙纹有多组，大型的多达六组。每一组刻画一个一首双身的夔龙，龙首近似兽首，方圆目，头饰网格纹，长颏，长须，左右各有一变形龙身。龙身有几字形、“W”形之分，龙首龙身皆有粗阴线强化效果。凤纹皆尖吻高冠，翅尾翎羽“S”形舒张，有的有爪，有的无爪。同时刻有夔龙纹和凤纹的玉璧罕见。

▲玉串饰（西周），长14.8厘米。由青白色玉珠、绿色绿松石珠及玛瑙管串系而成。最上端为一件红色玛瑙管和一件红色玛瑙珠，下缀七串玉珠及绿松石管，每串为十粒玉珠及一件绿松石管组成，上端为三粒绿色的鼓形绿松石珠，中部为六粒青白色球形玉珠，末端为一扁圆形的绿松石管。设计美观，颜色丰富鲜艳，有雍容华贵之感。

泛玉彩石器

前面我们已经了解，远古的中国，美石即为玉。因此，绿松石、玛瑙、天河石、水晶、青金石等有鲜艳夺目光彩的宝石都被古人划入玉的范畴。它们的开发利用在中国高古玉发展史中占有重要的地位。这里对主要的几种彩石做一简单介绍。

1. 红缟玛瑙

玛瑙的一种，亦称红玉髓、赤玉。新石器时代后期便已开发使用。当时，红缟玛瑙产于河北隆尧，其质为水晶，红色鲜艳，犹如鸽血，间有黄色夹层，艳如鸡油，形成美丽的纹理。红缟玛瑙硬度大于和田玉，性脆，雕琢不易。商周春秋战国多磨成珠与环，作为玉组佩的配件而使用，其珍贵程度和价值当时远超和田玉。

到了秦汉时期，红缟玛瑙珠与环突然消失，代之而起的是红缟剑饰和圆雕小件。选料上亦多选与水晶伴生的材料，纹理更加漂亮，血红色与水晶亮色辉映，珠光宝气，美丽远超和田玉器，成为王公贵族追求的高大上奢侈

◄天河石圆琮（龙山文化），直径7厘米、高4厘米、孔径1.5厘米。海蓝色天河石，有土沁。内壁光滑，可触到对钻平台。磨制精细，圆面四道孤线下切，减地雕成一个方形，反映出古人天圆地方的原始认知。立面刻有四只眼睛，两两组合，可组成四个兽面。以两道弦纹、一道弧形纹刻画出兽面的宽鼻、阔嘴，面目狰狞，威严神秘，反映了古人对天地鬼神的原始信仰。天河石圆琮此为仅见，十分珍贵。

◀松石蝉形坠（商代），长4.6厘米。蝉刻栩栩如生，四个圆坠，两大两小。磨制精到，抛光细致，美观润泽。

◀玛瑙兽（战国），直径5.5厘米、高3厘米。红缟玛瑙质，色彩鲜红，宛如鸽血，包浆浑厚，精光内敛。兽为辟邪，卧伏在地，尖耳，突目，炯炯有神，利爪蜷伏，肌肉紧绷，狞厉威严，栩栩如生。底部为平面，当作席镇之用。

▲琉璃带钩（汉代），长20厘米。整器呈柳叶形，圆形纽。钩首为一变形龙头，双角，双目圆突，尖喙有须，钩尾为一变形凤头。钩是海蓝之色，表面有变形的白色云纹，飘逸轻盈。内部气泡呈长条状，大小不一，表面氧化痕迹自然。如此大尺寸琉璃带钩十分罕见。

品。其原料的稀缺和色彩的美丽使汉代红缟玛瑙雕件具有极高的审美价值和经济价值。

2. 绿松石

中国优质的绿松石产于湖北，开发使用较早，它的纯净的绿色为先民们所喜爱。大汶口文化、良渚文化时期都有绿松石雕件和嵌件出土。由于其质地的特性，加之古代工具的原始所限，绿松石难雕大件。夏商周各代都把它作为镶嵌之用，嵌于青铜器和玉器之上，增强美感。著名的有夏代嵌绿松石兽面铜牌饰等作品。商周青铜器上亦常见绿松石装饰。春秋战国乃至秦汉，绿松石制品多是磨成珠或管，串置于组佩之上，有的绿松石管上常雕有细致的花纹。绿松石圆雕件，尤其是大件很难见到。

3. 天河石

天河石产于甘肃，是长石的一种，有美丽的天青色和天蓝色，莹润美观。齐家文化时期天河石便有开发利用，但作品发现极少，大件作品更是少之又少。

▲水晶椁子（唐代），长10.5厘米、高7厘米、前档宽5.5、后档宽4.5厘米。此椁由前宽后窄的拱弧形盖、略呈长方形的椁室、长方形的椁座所组成。盖、室、座分别各由一块水晶琢成，椁座四角各钻一孔，椁室四角均琢出圆棒状榫，椁座与椁室以榫卯相连，盖、档有子母口。椁盖顶粘有黄宝石与蓝宝石，前档贴有石榴叶状金花。此椁造型考究，工艺精湛。

4．琉璃

琉璃即玻璃，其烧制技术在战国时自波斯传入中国，到汉代有了很大发展。东汉王充的《论衡》中说："道人消烁五石，作五色之玉，比之真玉，光不殊别。"琉璃因添加不同矿物而颜色千变万化，丰富多彩。战国以来琉璃制品便受到贵族的喜爱，其价值战汉时期远高于和田玉，其制品近些年发现很多。其质纯净透明，其色鲜艳夺目，成品有珠、管，汉代出现琉璃带钩，琉璃杯碗以及琉璃璧。古代琉璃制品非常珍贵，价值非常高，这从出土琉璃器皿墓葬级别上便可知晓。虽然是人工合成品，但由于美丽的特质和贵族的追捧，使其在泛玉器作中占有重要的一席。

隋唐以后的玉器

两汉以后，玉器的发展进入了一个低潮期，这是因为此时的中国正处于一个大分裂时期。魏晋南北朝，小国林立，朝代走马灯似的更换，少数民族政权进入中原建立不同的王朝。北方各朝之间、南北政权之间战乱频发，经济凋敝，民生困难。这一时期玉器制作形制变少，工艺变粗。朝廷礼器依然用玉，但玉质和工艺均不能与两汉相比。士大夫不再热衷于佩玉，而热衷于服玉。他们把玉碾为末，“和露而服”，企求长生不老。民间玉石佩饰尚属萌芽。这300年可以说玉器发展的一个黑暗时期。

▲玉带銙（唐代），长3.7厘米、宽3.8厘米、厚0.7厘米。和田青玉，局部深褐色沁。器呈扁平方块体，正面浮雕一高鼻深目胡人，双腿盘坐于毛毡上，右手托盏，头戴巾帽，身披飘带，长靴及膝。阴刻卷发、胡须、长巾、服饰花纹和衣褶。背面平素无纹，微内凹，四角有斜钻牛鼻孔。表面抛光。

▲玉卣（南宋），口径3～3.7厘米、底径2.5～4厘米、壁厚0.3厘米、宽7.8厘米、高6.9厘米。玉色青白，局部黄色沁和白斑。扁圆体，平沿直口粗颈矮圈足，足微外撇。颈部左右两侧琢耳，饰兽首，中钻孔为口。前后侧出扉棱，两边饰相对的龙纹。腹部左右两侧镂雕卧伏回首状小螭龙。前后雕刻兽面纹。设计精巧，磨制精致，古朴大气。

▲海东青捕天鹅（辽代），长5.7厘米、宽4.5厘米。和田青白玉，玉质极佳，油润异常，边角处可见少量红沁。海东青捕天鹅是辽代玉雕中常见题材。描绘了体量小于天鹅数倍的海东青，不畏强敌，追捕天鹅，啄碎其头骨的景象，散发着草原民族的生活气息。此器琢磨工整，工艺精细，海东青勇武之姿，令人印象深刻，过目不忘。

隋唐重新实现了中国的大一统，玉器的发展进入了崭新的发展阶段。这一阶段的特点是玉器逐渐走出帝王之家，礼仪用玉相对固定，总比重降低，民间用玉大踏步发展，总比重大大提高。最终王玉阶段过渡到民玉阶段，美玉回归它的自然属性，用于美化和装饰人民的生活。隋唐以来这一进程有这样几个特点。

一是从功能上说，礼仪用玉固定化，朝廷不再垄断玉器的制作与流通。唐以后，历朝历代封禅、祭祀山川河流依然使用圭璧，国家、帝玉玺印依然用玉，这一点在前面已有过论述。百官用玉，唐朝确定了“舆服用玉之

◀龙纽玉押（元代），长5.85厘米、宽5.1厘米、高4.2厘米。玉质洁白温润。玉押面略长方形，片状，上圆雕一蹲龙为纽。龙为独角，低首，前肢爪抓住台面。龙身短而似兽，尾分三歧，中歧长而上冲，与发相接。印押下有剔地阳纹图记。玉押工艺精湛，刀工犀利，抛光细致，元代玉雕精品。此类玉押非特赐不能用，此押龙纽，可能为帝王之物。

◀胡人舞狮（明代），长9厘米、高11厘米、厚5厘米。圆雕，和田白玉，玉质坚致油润。胡人高鼻深目，虬须满腮，头戴毡帽，圆领广袖，立于狮身之上，手举绣球，彩带飘飘，手舞足蹈，陶醉于羌鼓声中。狮子脚踏舞步，昂首后望，人狮一体，惟妙惟肖，形神俱备。此器造型准确，线条流畅，表现精细，工艺极佳。

制：以紫为三品之服，金玉带，銙十三；绯为四品之服，金带，銙十一；浅绯为五品之服，金带，銙十；……”，此处銙即为锦带上的玉板。唐代銙有方形，椭圆形，长方形之分。纹饰为人纹、动物纹，一般为浅浮雕。宋代亦有详细规定。宋的带銙多是方形，以花草和人物纹常见。宋金时开始流行环托玉带饰，下层为环，上层镂雕图案。辽金时期玉带板多为方形或桃形，辽金元带板多使用春水、秋山图案。明朝亦定有严格的玉带制度。“凡帝王一品、公侯、伯、附马或皇帝特赐方可用玉带。”每套带板数量视品级高下而有不同。其形状有方形、长方形、菱花形、桃形等，纹饰也较唐宋丰富繁密，大致有龙纹、人物纹、花卉、动物纹。

二是从器形上说，龙螭、神兽、璧、琮等器大幅度减少，民间用品（如瓶、壶、杯、盘）和文房用品大量增加。人物、花鸟虫鱼、飞禽走兽成为普及性纹饰，题材广泛，寓意吉祥，丰富和美化着人们的生活。

三是从风格上说，少了狞厉、威严、庄重、刚劲、神秘之感，多了亲和、温婉、圆润、活泼、平民之气。唐以后民用品的雕刻，亲切随和，活泼安详，具有浓厚的生活气息，成为人们喜爱的装饰生活的宝玉。

四是从制作上说，为帝王礼仪服务的皇家玉作机构一直存在，保障着皇室的用玉需要。民间制玉得到解放。明清时期形成了苏州、扬州等著名的玉器产地，制玉技术得到进一步改进，生产力得到进一步解放，民间治玉大师代不乏人，引领风尚。中国古代玉器的世俗化、平民化使中国玉文化发展出现了又一个高峰。

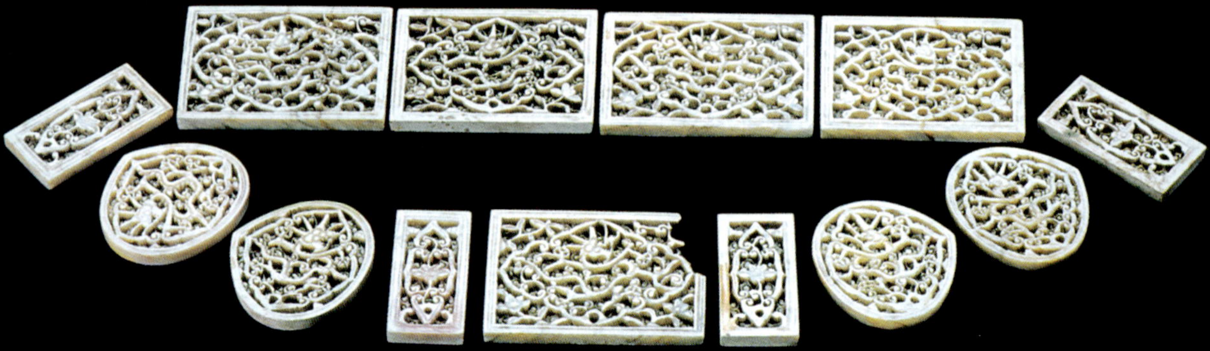

▲玉带（明代），长方形銙：长6.9厘米、宽3.2厘米、厚0.6厘米；辅弼：长5.2厘米、宽2.6厘米、厚0.6厘米；桃形銙：长5.4厘米、宽4.9厘米、厚0.6厘米。玉质白色，泛黄色斑。现存十三块，体均扁平，皆镂空透雕。为明代常见的“花下压花”双层雕刻，上下层图案似“剪纸贴花”，构图繁密。除四块长条辅弼在开光内饰花卉以外，其余均雕琢龙纹。龙体呈“S”形盘旋升腾，庄重威严，工艺精到，刀法洒脱，是明代玉带精品。

古玉器的纹饰

玉器纹饰与玉器相伴生。随着工具的进步，先民们在原来光素的玉器上开始琢制装饰的花纹，使之反映先民的思想和审美。石器时代纹饰以简朴粗犷为特点，纹饰花样较少，琢制不精。

商有直线纹、斜线纹、菱格纹、弦纹、折方纹、圆圈纹、三角纹、勾云纹、龙鳞纹、兽面纹、饕餮纹等，以勾云纹多见。线形主要为双勾阴线纹（俗称“双阴挤阳”），还有减地起阳线工艺。

西周纹饰在保留商代样式的基础上，又新出现龙首纹、龙鳞纹。商代动物及人物眼睛是“臣”字形，西周在此基础上，眼角出钩。其线形继承商代，后期在双阴线基础上，变化为宽窄两条线组成一阳线。宽线用“彻”法刻成，窄线用“勾”法刻成，线条刚柔相济，流畅飞动，飘逸秀美，俗称一面坡刀工。

春秋玉器纹饰以阴线龙首纹多见，其中龙纹、凤纹、勾云纹、卷云纹、谷纹、蟠虺纹为主要纹饰，后三者为新出现纹饰。纹饰布局的特点是满、密、细。工艺上以阴线兼浮雕的技法，表现出敦厚而灵秀的美感。战国时期纹饰创新有阴线勾连乳钉纹、蒲纹、列星纹、束丝纹、谷纹蒲纹组合等。抛光工艺大为改进，质坚色美，玉器抛光度能达到玻璃光泽。春秋战国时期，玉器纹饰工艺精美，风格秀丽，飞扬灵动，多彩多姿，给人以赏心悦目的艺术享受。

汉代是中国玉器文化发展的高峰。其几何形纹饰沿用战国纹饰精华，动物纹发挥了前所未有的想象力和创造力。很多独创纹饰如螭纹、龙纹、凤纹、熊纹、虎纹、貘纹、鸟纹都被历代工匠沿用直至今天。汉代动物个个有着结实的肌肉、矫健的身躯，它们身体的游动感空前绝后，至今仿者不能得其神韵。龙纹、凤纹、螭纹扭曲而躁动，张力十足，形态威严，具有无限的生机和活力。汉代刻玉工艺以汉八刀为代表，继承了战国刻玉刀劈斧剁的硬朗，更加简洁犀利，风格豪放，干净利落。同时汉代由于治玉工具的进步，对纹饰的细节刻画亦趋精绝。其代表工艺是游丝毛雕，阴刻线条精细入微。“碾法婉转流动，细入秋毫，更无疏密不均，交接断续，俨如游丝白描，毫无滞迹。”可以说，刻玉工艺到了汉代，“其能事毕矣”。此后各代工具即使飞速进步，亦难出其右。

唐以后各代纹饰沿用了三代纹饰，新增者多为花鸟虫鱼、飞禽走兽之纹。唐代新创纹饰有花、叶、云、水、胡人、麒麟等。宋代新创有卷草纹、灵芝纹等。辽金玉器影响后世的是“春水”玉和“秋山”玉饰。春水玉是以海东青捕天鹅图案为标志，秋山玉是以虎鹿山林图案为标志，反映了北方民族游牧狩猎的生活传统。元代玉器创新纹饰有牡丹、荷叶、水草、禽类花纹。明清玉器纹饰集历代之大成，其装饰和纹饰都向精尖方向发展。花卉、蔬果、草虫、人物、亭台楼阁、龙、凤、螭都是常用纹饰，但都有新的改进，使之更加精美，富于装饰性和生活气息。

▲神人兽面纹。

▲双勾阴线纹。

▲云雷纹。

▲绞丝纹。

▲凤鸟纹和“一面坡”刀工。

▲隐起云纹。

▲蟠虺纹。

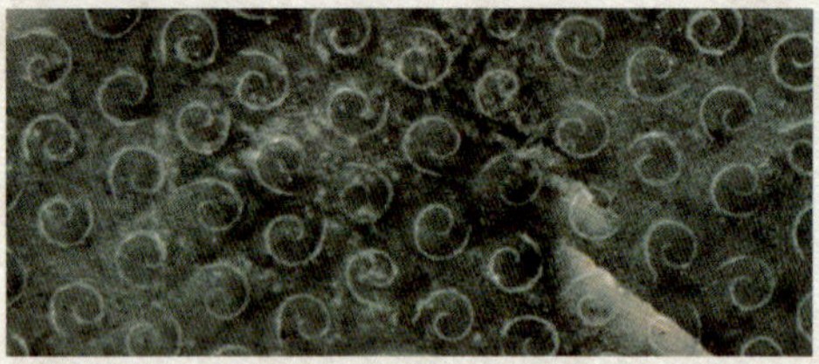
▲涡纹。

▲蒲纹加谷纹。

▲谷纹。

▲勾连云纹。

▲乳丁纹。

▲卷云纹。

▲几何龙纹。

▲斜方格纹和游丝毛雕。

高古玉辨识（上）

谈到古代玉器，自然会有一个绕不开的问题——辨识，即怎样辨别玉器的年代与真伪。在当前收藏大热的时代背景下，受巨大的经济利益驱使，玉器的仿古、造假非常严重。在徐州、蚌埠、南阳等地，更是形成了仿古玉器产业。他们运用高科技手段做假做旧的手段越来越高，器形、纹饰、沁色越做越精。有些仿古玉器，即便是专家都很难识破。人们在呼唤规范的市场交易的同时，更要提高自己的鉴识水平，以防买假上当。古玉器的辨识，自古以来便是专门的学问。收藏家大多凭眼看和心悟，便可断清年代，区分真假。个人在这方面接触较少，更谈不上经验，只是有些粗浅的常识与大家分享。

▲璜形器（大汶口文化），长9厘米、宽2.5厘米。整器中间鼓边缘薄，地方玉种，深褐色，土沁较重，微透光。两头对钻两孔，孔为斜面磨下，形制独特，制作精美，为早期玉璜的源头。

◀兽形玉坠（红山文化），高4.3厘米、宽2.2厘米。玉质葵黄色，柔润洁净。兽呈葫芦状。立耳，浅浮雕大圆眼，凸吻似豕，鼓腹，底一圆凸尾。颈后部横穿一孔，孔内有螺旋纹。背平素。工艺精湛，磨制规整，宝光内蕴。此兽为动植物合体，造型奇特，表达了红山先民对五谷丰登，六畜兴旺的祈求。其头部特点与红山文化玉猪龙有异曲同工之妙。

▶玉饰（商代），长2.45厘米、宽1.89厘米、厚0.46厘米。玉呈绿色。由旧器改制而成。原器中部有钻孔，改制时顺该孔剖开，清楚显示对钻错位及钻孔工具的旋转痕迹。

第一，识材。各个历史时期，玉器用材是不同的。新石器时代，各地区玉器生产基本上是就地取材，使用的就是地方料，如良渚文化的小梅岭玉，龙山文化的山东泰山玉，红山文化的岫岩玉、河磨料，齐家文化的祁连玉、马衔山料等。这些玉料在硬度、色彩、透明度、油润度上区别很大，要学会识别。目前在玉石市场上独占鳌头的和田玉，自齐家文化时期才开始东来，那时是非常少的。如果我们淘到的红山、良渚等玉器为和田玉时，就需谨慎了。和田玉在商代多了起来，妇好墓出土玉器说明了这一点。到了西周春秋战国，和田玉占比越来越高，而到了汉代，和田玉已一统天下。但是这一历史阶段和田玉进中原的绝大部分是籽料，和田玉山料开发和使用较少。有些大型璧可能用到和田山料，但佩饰里面基本没有山料。由于和田玉的珍贵，近三十年来，有不少与和田玉物理指标相近的玉石冒充和田玉充斥市场，并且用之制作仿古玉，如青海料、俄料、韩料等。它们的致密润泽度、色彩饱和度与和田玉差别较小，很能迷惑人，必须认真识别。战国两汉玉器如果是青海料、俄料、韩料必假无疑。

第二，辨形。各个历史时代，玉器的造型与纹饰是不同的，有自己独特的风格和面貌。尤其是商代、西周、春秋战国，时代气息浓厚，风格鲜明。当然我们不能认为改朝换代之后，玉器风格造型马上就会天翻地覆，全部改变。事实上，前代一些器形和纹饰理所当然地被继承了下来，为后代所使用。但传承是传承，创新是创新。创新的器形和纹饰生命力旺盛，很快就会开创一个新的时代风格。所以有时我们看一件作品是战国的风格，但事实上是汉代的器物，这是完全可能的。常见的威猛的辟邪神兽，精美的鸡心佩，汉八刀风格玉蝉、玉猪，则明确是汉代创新之器，代表了大汉风貌。

▲玉辟邪（西汉），长7厘米、高5.4厘米。和田白玉。圆雕。玉辟邪突胸呈卧姿，胸肌上浮雕“人”字形长髯，昂首前视，张口露齿。头生双角而后伏，双耳后耸，颊后披毛，肩生双翼，尾部回卷成“人”字形。臀部与尾巴上琢有三个圆形凸起。此神兽琢制精湛，刀工犀利，抛光细致，尽显神兽威武狞厉。玉质致密润泽，基本无沁，只有少量红璞。

▲良渚文化玉圆牌饰上的线切割弧线痕迹。

▲良渚文化玉钺上的片锯切割痕迹。

第三，鉴工。看工痕是鉴别古玉器最重要的手段。不同的工具和工艺在玉器加工中会形成不同的痕迹。新石器时代以石治玉，即他山之石可以攻玉，工具是木棍、竹片和竹筒，用它们加细石英沙（即解玉砂）研磨治玉。当时切片工艺有线切割、片切割。出现青铜冶炼后，治玉工具大大改进，有了圆形的铊具，工艺大大改进，开片、打眼效率更高。战国之世，铁器出现，治玉工具又有划时代的进步。但直到清末民国为止，水凳、铊具依靠人力的工艺没有大的改变。近现代，电动工具出现，金钢石大小铊更细、更小、更精密。电动工具的转速也是历代工艺所不可能达到的，其工痕因此独具鲜明特点。玉器制作的第一步——开片，石器时代线切割是使用柔性的绳索牛筋，沾解玉砂拉动切割，其所留工痕为曲线。片切割是用竹片木片，沾解玉砂加水磨擦，工痕为直线。出现人工铊具后铊痕是弧形。到近世电动工具开片，则光滑平整，看不到工痕了。石器时代，钻眼是用解玉砂先在玉器上两面磨出深洼，等洼底变薄再用尖锐石器钻孔。因此，两面洼部留有粗糙磨痕。后来有了桯钻，单面钻孔，用尖锐竹木工具沾解玉砂搓磨下钻，因此下钻一面孔大，俗称喇叭孔，另一面则孔小。新石器时代后期发明了管钻法，用竹管沾解玉砂两面对钻，提高了效率，但由于两面钻，往往定位不准，使孔的里面出现台痕。有了金属工具后，多用单面钻法，打孔精准而竖直，两面大小如一。雕刻线条，初期用解玉砂研磨，由于解玉砂粗细不均和用力不均，线条凹处现粗细深浅不一的阴线磨痕。出现人工铊具后线条起铊落铊可见明显接茬痕迹。另外由于人工铊具转速较慢，线条边缘很少见崩口，而电动工具转速快，线条边缘多见崩口。春秋战国以后出现镂雕技术。其法先钻出圆孔，在圆孔中用皮条沾砂切割出各种形状，镂出图案。其特点是镂刻处多出现竖直切割磨痕，如果是横向磨痕则可能是电动铊具所为。器表的抛光，战国两汉之前是用牛皮，器表细磨之痕杂乱无章。而近世玉器抛光，则表面细磨之痕规矩和齐整。由于工具的不同而造成的工艺特点和表面痕迹是应当多看实物，细细体味的，仿品和造假往往在这些方面露出马脚。

▲玉刀（夏代），长65厘米、宽9.5厘米。玉色墨绿。体长呈扁状，梯形，直背，双面刃，体两端有对称齿牙六对，近背上方有等距离圆孔七个。体两侧刻斜线网格纹。设计规整，切割平直，打磨光洁，庄严稳重。

高古玉辨识（下）

第四，品沁。古玉之美，美在沁色。千年岁月，变化万千，沁色斑烂，夺人心魄。古代玉器有传世品和出土品之分。传世者或根本未曾入土，或早年出土，百世流传。此类玉器往往包浆深厚，古意盎然。经千年风雨，多年抚玩，玉色往往变深，细小绺裂处有些微沁色，或黑或红，晶莹油润。出土古玉，则由于埋藏时间久，地下埋藏条件温凉、干湿、酸碱等条件不同，而使古玉发生质变形成不同的沁色。古人认为，“玉在土中年久，本质松朽，他物浸染，是名曰沁”。清末古玉学家陈性说：“凡玉在土中五百年，体松；受沁千年，质似石膏；两千年形同朽骨；三千年烂为石灰；六千年不出世，则烂为泥矣。”此说有一定道理，但不够科学。玉之受沁还受制于土壤条件及玉的致密程度。古人受科学知识所限，对玉的受沁描述虽然不够科学，但讲出了古玉受沁的基本原理。我国著名地质

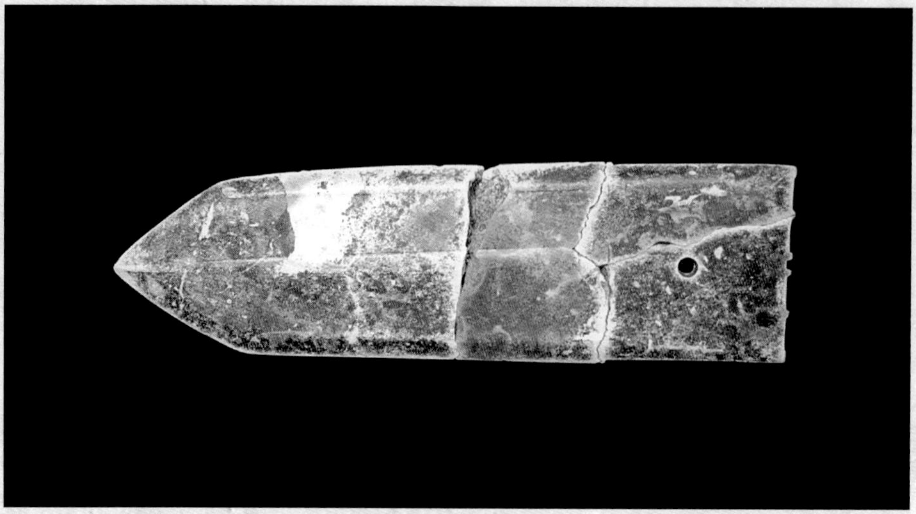

▲玉戈（商代），长28.7厘米、宽8.1厘米、厚0.8厘米。青玉，原色调青灰，表面大部分受沁，器表呈褐色或鸡骨白色。戈体厚重，内端雕刻出齿牙六枚，作有规律的排列。援部中间起脊，边刃处浅浮雕隐起。内部有一钻孔，双面管钻，孔径0.75～0.8厘米。此戈形体巨大，为商代少见，磨制精美，尽显仪制威严。

矿产学家闻广先生对古玉的受沁进行过科学的研究和论述。他说，古玉受沁，最基本的原理是古玉在地下埋藏中，玉的内部矿物集合形式发生变化，使玉的结构变松。第一步，玉因内在组织结构变化而失去透明度。就像冰与雪，水在冰的状态是致密的因而透明，在它逐渐融化向雪发展时，就不透明了。以透明度变化的多少，玉沁分为微沁和中沁，到了中沁就完全失透了。这时候如果杂质进入就生出千变万化的沁色来。不同的杂质产生不同的颜色，近有机物易成黑沁，近朱砂和铁器易成红沁，近青铜易生绿沁。到了第二步，玉本身的颜色完全失去，就是深沁了。大部变白，也就是俗称的鸡骨白，但表面还存光泽。等到光泽也没有了，则朽烂如糟，是为烈沁。当然，有的和田玉玉质坚硬致密，表面无伤无绺，埋藏条件又

▲云纹玉笄（战国），长10.3厘米、笄首边长0.9厘米。玉质青色，顶有褐色沁斑。器体呈长圆柱形，笄顶呈方形，四面及顶浮雕圆形，内有三股卷涡纹。顶下一圈凸弦纹。笄身减地浮雕“S”形云纹，下部收尖，并有阴刻双阴线纹。设计巧妙，工艺精到，线条流畅，气韵生动。

干燥，没有酸碱化学物质的侵染，则毫无受沁。三千年后出土依然油润晶莹，光洁如新，这种玉器十分难得。

第五，看包浆。包浆是玉器在千年流传中表面形成的自然光泽，是在空气中氧化的结果。不管是传世品还是出土品，都有包浆。真的包浆有一种酥然温柔的感觉，假的包浆生硬而唐突，象土豪穿金戴银，十分不自然。那是人工加热、油炸、泥土加胶涂抹或化学品腐蚀染上去的，不可不察。

对古玉器的辨识，近年来，文物界及社会有识之士一直强烈呼吁建立科学的评估标准。但是由于古玉在材质、工艺、沁变方面的独特性，这项工作很难，还有很长的路要走。好在国家现在已开始做这方面的工作，着手建立玉器的大数据系统，制定行业标准，已经开了头。我们相信，随着科技的发达，古玉的检测能够更加客观。但是仪

◀玉剑珌（战国），通高6.3厘米、上边长3.8厘米、下边长4.5厘米。和田青白玉。梯形，束腰，断面呈橄榄形，双面雕刻简化兽面纹，彰显剑之威严。琢磨极精，抛光细致，呈玻璃光泽。绺裂之处沁色入骨，黑沁在先红沁在后，渐进过渡痕迹明显，变化丰富，斑斓美丽，为战国剑饰精品。

▲玉熊（汉代），长10.7厘米、高6.5厘米。淡青色，玉质油润。熊为汉代玉雕中常见题材，此熊体形健硕，环眼、圆耳，憨态可掬。颈饰贝壳穿制的项链，细线刻画熊之鬃毛与腿毛。雕工精湛，玻璃光泽，颇为传神。玉质较松，受石灰沁，表面普遍受蚀，蚁脚密布，大片石灰沁经手盘已成粉红色。为汉代玉雕珍品。

器检测不可能成为一锤定音的方法。仪器可测材质，可鉴工痕，可识化学药品和火烧做旧，但难定光气和神韵。将来的鉴定还是“眼学”与科学相互补充，相得益彰。目前，我们在古玉的辨识中还离不开眼看心悟，离不开实战经验。

有些初学者喜爱高古玉收藏，这是好事情，但要处处当心，以防买假上当。要把功夫下在学习和实践上。一要多学基础知识。这里面包括系统学习中国历史和中国美术史、艺术史，了解各个文化期各个朝代的社会状况，人们的生活喜好。学习和了解治玉的工具、工艺和技术，以及各代典型器物特点，为收藏打好基础。二要多看。这里包括看真品和看赝品。看真品可到各大博物馆看展览，也可看正规研究机构出版的图集。看真品是为了感受真正高古玉器的风格和神韵，记住形制、花纹，记住细节，熟能生巧。看赝品是为了了解现在造假的手段和技术。造假手段现在是日新月异，我们必须与时俱进，及时跟进了解，这样才能区分出真假来。三要多交行内诤友。什么是行内诤友？就是行内的专家，人品正直，绝不会说假话忽悠你，不管你高兴不高兴只说实话。交了这样的朋友，你可少走弯路，少交学费。除此之外，要端正自己的心态。一是不能贪。初入收藏圈，往往看什么都是宝，再听人家讲一套故事，便分不出真假来，只想多买，买精，最后便上了当。二是不能愎。不要刚愎自用，学了一点知识便听不进别人的忠告，总认为自己眼光好、看得准。百密一疏，难免吃亏。三是不能侥幸。看到一些东西，似是而非，尤其是一些臆造品考古从未发现过，博物馆未有过，工艺是现代的，假的离谱。但依然有人会心存侥幸地说：“你博物馆没有，从没见过，不等于就是假的。”心怀侥幸，实际还是一“贪”字，往往买一大堆假东西。初学者多学多看少买，逐渐培养

▲七梁玉发冠（唐代），高5.5厘米、宽7.2厘米。玉质青色，经浸蚀呈姜黄色，略夹绺斑。冠顶雕琢七梁，故名“七梁发冠”。冠口略凹，两侧碾琢成卷云状，正面下部有一圆孔，与冠背圆孔相对，后配白玉圆簪贯通其中。冠为古代男子束发之物，唐代盛行。此器工艺精良，抛光细腻，温润晶莹，雍容华贵。

眼力，才是正途。四是依法收藏。切实遵守国家文物法律法规，国家明令禁止的“三盗”文物不能染指。同时还要自觉增强文化保护意识，坚决与破坏文物、盗卖文物行为作斗争，做好中华文化的守护者、传统文化的继承发扬者。